Los niños malos no existen

Disciplina sin vergüenza para los más pequeños

Janet Lansbury

Traducción al español por
Alejandra Hayes

Janet Lansbury

Los niños malos no existen:
Disciplina sin vergüenza para los más pequeños
Copyright (c) 2016 por Janet Lansbury

ISBN: 978-1533341686

Publicado por JLML Press, 2016

Los pedidos de autorización deben enviarse al editor con el asunto "Elevating Child Care Permissions" a mblansbury@gmail.com

Los datos de identificación, incluidos los nombres, han sido cambiados, excepto en los casos en que se obtuvo permiso o aquellos que pertenecen a los miembros de la familia de la autora.
A excepción de algunos casos, el material contenido en este libro está disponible en el sitio web de la autora. Este libro no pretende sustituir los consejos de un profesional autorizado.

~

Fotografía y diseño de portada: Sara Prince

Para más información sobre la autora, visite su sitio web: www.JanetLansbury.com

ÍNDICE

Prólogo

Cuando de disciplina se trata, los padres se enfrentan a un aluvión de consejos dispares por parte de los especialistas, lo cual puede resultar desconcertante, contradictorio y, a veces, simplemente imposible de seguir. Los padres, ¿deben dar nalgadas, sobornar, recompensar, ignorar, apelar a las consecuencias o dar tiempo fuera? ¿La disciplina con cariño significa dejar que los niños lleven la batuta? ¿Deberían los padres recurrir a las amenazas, las distracciones, los juegos, las tablas de recompensas, los temporizadores, contar hasta tres o perfeccionar "esa mirada"?

No es de sorprenderse que tantos padres se sientan confundidos, frustrados y paralizados. Es también comprensible que pierdan la confianza en sí mismos y, a menudo, la paciencia.

Sin embargo, no tiene por qué ser así.

A diferencia de la mayoría de los consejeros destacados sobre desarrollo infantil y disciplina, yo he pasado muchos años en clases de padres e hijos llevando la teoría a la práctica.

He observado (miles y miles de veces) los tipos de intervenciones y respuestas que funcionan bien así como los que nunca funcionan, y los que tal vez funcionen una o dos veces pero que a la larga crean luchas de voluntades aún más grandes o debilitan la confianza entre el niño y sus padres.

Los niños pequeños[1], en particular, tienen

tendencia a poner a prueba los límites. En eso consiste su trabajo de aprendices y exploradores activos; por tanto, esto es adecuado desde el punto de vista del desarrollo. Representa la expresión natural de la mezcla intensa de emociones conforme luchan por ser más autónomos. Una guía satisfactoria da al niño la seguridad y la tranquilidad que necesita para florecer: cuando los límites funcionan, el niño no siente la necesidad de ponerlos a prueba tan seguido; confía en sus padres y otras personas a cargo y, por consiguiente, en el mundo que lo rodea. Asimismo, se siente más libre y tranquilo, y entonces puede dedicarse a las cosas importantes: el juego, el aprendizaje, las relaciones sociales y el ser un niño despreocupado.

Al sentar los límites, el estado emocional del padre a cargo casi siempre decide la reacción del niño. Si no lo hacemos con suficiente claridad y confianza, si perdemos la paciencia o nos sentimos inseguros, tensos, exhaustos o frustrados, eso inquietará a nuestro hijo y muy probablemente conducirá a más comportamiento indeseable. Para los ojos de nuestro pequeño, somos dioses, y nuestros sentimientos siempre crean un cierto ambiente. Sabiendo esto, es fácil comprender por qué las dificultades con la disciplina pueden volverse un círculo vicioso desalentador.

Como lo dice el título del libro, en mi mundo no existen los niños malos; solo gente pequeña impresionable y confundida que lucha con sus emociones e impulsos, e intenta comunicar sus sentimientos y necesidades de la única manera en que sabe hacerlo. Al caracterizarlos como *malos* porque su comportamiento nos hace sentir frustrados, confundidos u ofendidos, los perjudicamos mucho; es una etiqueta negativa, una fuente de humillación que pueden terminar creyendo como algo que define a su persona.

Tanto mi filosofía de crianza como mi percepción de los niños y las relaciones con ellos están basadas en las enseñanzas de mi amiga y mentora, la especialista infantil Magda Gerber. A través de Magda y de la organización fundada por ella, RIE (Recursos para Educuidadores Infantiles), he conseguido claridad como madre y he desarrollado el enfoque de crianza *eficaz*, respetuoso y gratificante que he compartido con millones de personas como maestra y escritora.

La crianza RIE se centra en un concepto radical:

El bebé es una persona completa: es sensible, consciente, intuitivo y comunicativo. Posee habilidades de aprendizaje innatas; es un explorador y científico capaz de comprobar hipótesis, resolver problemas y entender tanto el lenguaje como las ideas abstractas.

No es lo que consideraríamos sabiduría convencional en materia de crianza; sin embargo, los hallazgos clínicos y científicos, así como algunas investigaciones científicas publicadas*, confirman estas capacidades asombrosas que Magda Gerber identificó hace 50 años.

No obstante, demasiado a menudo tratamos a los bebés y los niños pequeños como si fueran tontos, no se dieran cuenta de las cosas o fueran incapaces de entender o comunicarse con nosotros. Por otro lado, a veces esperamos que nuestros hijos sean capaces de dominar situaciones adultas (como por ejemplo una excursión de compras al centro comercial) con un nivel de madurez y autocontrol emocional que aún no han desarrollado. Estas percepciones erróneas conducen a los padres en una dirección poco productiva, en especial en el área de la disciplina.

En el fondo, el gran secreto de la disciplina satisfactoria es descartar las soluciones inmediatas y los artilugios, así como todas las demás tácticas manipulativas, y simplemente ser sinceros con los bebés y los niños (¡qué idea!). Este es el nivel de respeto más básico que enseña RIE; adoptarlo es tan liberador como suena.

El presente libro es una colección de mis artículos sobre los comportamientos típicos de los niños pequeños y cómo las prácticas de la crianza con respeto pueden aplicarse para beneficiar tanto a los padres como a los niños. Cubre temas comunes como el castigo, la cooperación, los límites, las pruebas, los berrinches, los golpes y muchos otros.

Tengo el privilegio de recibir un flujo constante de cartas de padres con preguntas y preocupaciones acerca de la disciplina. Los padres cariñosos y reflexivos sencillamente quieren saber cómo poner límites sanos a sus hijos y lograr que cooperen; muchos están al borde de sus fuerzas, desesperados por encontrar respuestas.

Otras cartas, que por lo general son las que me alegran el día, contienen historias de logros personales: describen una disyuntiva con un pequeño y cómo los padres la abordaron poniendo en práctica los principios del cuidado respetuoso. He incluido varias de ellas en esta colección, junto con mis respuestas, ya que son esclarecedoras, cercanas y alentadoras.

Tengo la esperanza de que este libro sirva como

herramienta práctica para los padres que se acercan a esos años críticos —o están pasando por ellos—, en que la etapa de desarrollo obliga a los pequeños a poner a prueba los límites del amor y la paciencia. Si nos armamos de conocimiento y una mejor idea de cómo es el mundo a través de los ojos de nuestro hijo, este período de incertidumbre abre infinidad de oportunidades para forjar lazos irrompibles de confianza, respeto y amor.

[1]En este libro, el término "niño pequeño" —o simplemente "pequeño"— se refiere a los niños de alrededor de 12 meses a 3 años. (N. del T.).

*Gopnik, Alison. (Julio, 2010). *How Babies Think* [Cómo piensan los bebés]. *Scientific American*, 76-81.

1.

Los niños malos no existen: Disciplina sin vergüenza para los más pequeños

Un niño que se está comportando mal no causa vergüenza, y no requiere castigo. Lo suyo es un pedido desesperado de atención, es decir a voz en grito que tiene sueño, o un llamado a la acción pidiendo límites más firmes y coherentes. Es el tira y afloje del pequeño poniendo a prueba su independencia en crecimiento: él tiene el irresistible impulso de traspasar los límites, mientras que también necesita saber con desesperación que se lo controla y está seguro.

No cabe duda de que los niños necesitan disciplina. Como decía la especialista infantil Magda Gerber: "La falta de disciplina no es bondad, es negligencia". La clave para una disciplina saludable y eficaz es nuestra actitud.

La etapa que va entre alrededor de los 12 meses y los 3 años es el momento perfecto para pulir las habilidades de crianza que darán lugar al liderazgo sincero, directo y sensible del que dependerán nuestros hijos en los años venideros. Algunas pautas:

1. Comience con un entorno predecible y expectativas realistas. Una rutina diaria predecible permite al bebé saber de antemano qué se espera de él.

Ese es el comienzo de la disciplina. El hogar es el lugar ideal para que los bebés y niños pequeños pasen la mayor parte del día. Claro que a veces debemos llevarlos con nosotros a hacer los mandados, pero no podemos esperar que un niño pequeño se comporte de lo mejor en cenas con amigos, largas tardes en el centro comercial o cuando sus días están cargados de actividades planeadas.

2. No tenga miedo ni se tome el mal comportamiento como algo personal. Cuando los niños se portan mal en mis clases, a menudo los padres se preocupan de que su hijo resulte ser un niño consentido, bravucón o agresivo. Ahora, cuando los padres proyectan estos miedos, eso puede causar que el niño internalice esas imágenes negativas o al menos note la tensión de los padres, lo cual suele empeorar el mal comportamiento.

En lugar de etiquetar la acción de un niño, aprenda a cortar el comportamiento de raíz al rechazarlo con indiferencia. Si su hijo le lanza una pelota a la cara, trate de no enojarse. Él no lo hace porque usted no le caiga bien ni tampoco es malo: le está pidiendo (al estilo niño) los límites que necesita y tal vez no esté recibiendo.

3. Responda en el momento, con calma, como un director ejecutivo. Encontrar el tono adecuado para poner límites puede llevar bastante práctica. Últimamente, he estado animando a los padres que tienen dificultad con esto a que imaginen que son un exitoso director ejecutivo y su hijo un respetado subalterno. El director corrige los errores de otros con una eficacia de mando llena de seguridad. No usa un tono de interrogación inseguro, ni se enoja o se pone sentimental.

Nuestro hijo necesita sentir que su comportamiento no nos pone nerviosos y no nos mostramos ambivalentes a la hora de imponer reglas; encuentra consuelo cuando no nos cuesta esfuerzo estar a cargo.

Los sermones, las reacciones emocionales, los retos y los castigos no aportan al pequeño la claridad que necesita, y pueden causar tanto culpa como vergüenza. Una indicación simple, carente de emoción, como "No dejaré que hagas eso; si lo arrojas de nuevo te lo quitaré", mientras impedimos el comportamiento con las manos, es la mejor respuesta. Pero debe reaccionar inmediatamente. Una vez que el momento ha pasado es demasiado tarde; espere a la siguiente oportunidad.

4. Hable en primera persona. A menudo los padres adquieren el hábito de llamarse a sí mismos "mami" o "papi". La etapa que va entre alrededor de los 12 meses y los 3 años es el momento de cambiar a la primera persona para tener una comunicación lo más sincera y directa posible. Los niños ponen a prueba los límites para aclarar las reglas. Si digo "Mami no quiere que Ema le pegue al perro", no le estoy dando a mi hija la interacción directa (entre "tú" y "yo") que necesita.

5. No utilice la técnica de tiempo fuera. Siempre me acuerdo de cuando Magda Gerber preguntaba, con su acento húngaro de abuela, "¿Tiempo fuera de qué, de la vida?". Magda creía en el uso de un lenguaje sincero y directo entre padres e hijos. No creía en los artilugios como el "tiempo fuera", especialmente para controlar el comportamiento de un niño o castigarlo.

Si un niño se porta mal en una situación pública, por lo general está indicando que está cansado y perdiendo el control, y que necesita irse. La manera respetuosa de manejar esta situación es levantar al niño y llevarlo al coche para volver a casa, aun si grita y patalea. A veces un niño tiene un berrinche en casa y necesita que se lo lleve a su habitación para revolcarse y llorar en nuestra presencia hasta que recupere el autocontrol. Estos no son castigos sino respuestas comprensivas.

6. Consecuencias. Para un pequeño, la mejor manera de aprender disciplina es experimentar las consecuencias naturales de su comportamiento, en lugar de recibir un castigo desconectado como el tiempo fuera. Si un niño arroja comida, se acaba la hora de comer. Si un niño se niega a vestirse, hoy no vamos al parque. Estas respuestas de los padres apelan al sentido de justicia del niño. Es posible que de todos modos reaccione de manera negativa a la consecuencia, pero no se sentirá manipulado ni avergonzado.

7. No rete a un niño por llorar. Los niños necesitan reglas para el comportamiento; sin embargo, sus respuestas emocionales a los límites que les ponemos (o a cualquier otra cosa, venido el caso) deben permitirse, incluso alentarse. La etapa entre alrededor de los 12 meses y los 3 años puede estar llena de sentimientos intensos y contradictorios. Es probable que el niño necesite expresar enojo, frustración, confusión, agotamiento y decepción, especialmente si no recibe lo que quiere porque hemos puesto un límite. El niño necesita la libertad de expresar sus sentimientos libremente sin nuestra crítica. Quizá necesite una almohada para golpear; dele una.

8. Amor incondicional. Dejar de mostrarle cariño como una forma de castigo enseña al niño que nuestro amor y apoyo cambian en un instante: se evaporan debido a su mal comportamiento pasajero. ¿Cómo puede promover esto un sentimiento de seguridad? El artículo de Alfie Kohn publicado en el *New York Times* en 2009 y titulado "Cuando el 'te quiero' de los padres significa 'haz lo que te digo'" (título original: *"When A Parent's 'I Love You' Means 'Do As I Say'"*) explora el daño que causa este tipo de crianza condicional; el niño llega a estar resentido con los padres, a desconfiar de ellos y a tenerles antipatía. Al mismo tiempo siente culpa, vergüenza y falta de autoestima.

9. NUNCA dé una nalgada. Lo más perjudicial para una relación de confianza son las nalgadas, que además son predictores de comportamiento violento futuro. En su artículo "Los efectos a largo plazo del castigo físico" (título original: *"The Long-Term Effects of Spanking"*), Alice Park presenta los resultados de una investigación reciente y señala que "…son la prueba más contundente hasta el momento de que la respuesta inmediata del niño con las nalgadas podría hacer que se comportase peor a la larga. De los casi 2.500 pequeños que participaron en la investigación, los que recibieron nalgadas con frecuencia a los 3 años tuvieron mucha más probabilidad de ser agresivos al llegar a los 5 años".

Causarle dolor a un niño a propósito no puede hacerse con amor. Sin embargo, lo triste es que a menudo el niño aprende a asociar los dos.

Amar a nuestro hijo no quiere decir mantenerlo feliz todo el tiempo y evitar las peleas de voluntades. A menudo significa hacer lo que nos resulta más difícil: decir que "no" y atenernos a eso.

Nuestro hijo merece respuestas sinceras y directas de nuestra parte para poder internalizar lo correcto y lo incorrecto, y desarrollar el autocontrol auténtico necesario para respetar a los demás, así como para ser respetado por otros. Como escribió Magda en *Dear Parent – Caring for Infants With Respect (Estimado Padre: Cuidado del niño con respeto)*: "El objetivo es lograr la disciplina interior, la confianza en sí mismo y el deleite en el acto de colaboración".

2.

Por qué los pequeños ponen a prueba los límites

El comportamiento que pone a prueba los límites puede desconcertar hasta a los padres o cuidadores más en sintonía. ¿Por qué nuestra dulzura nos lanza el juguete por la cabeza cuando le acabamos de pedir que no lo hiciera, y luego para peor sonríe de satisfacción? ¿Es malvada? ¿Tiene la necesidad imperiosa de practicar sus habilidades de lanzamiento? Quizá simplemente nos odie...

Sensibles, de emociones intensas y con una gran falta de control de los impulsos, los niños pequeños a menudo tienen maneras inusuales de expresar sus necesidades y sentimientos. Por si sirve de consuelo, estos comportamientos tampoco tienen sentido para nuestros hijos. La explicación es sencilla: se trata de la combinación poco feliz de una corteza prefrontal inmadura y las emociones turbulentas de los pequeños. Todavía más fácil: los impulsos más grandes y fuertes que ellos los agobian enseguida.

Es decir, lo más probable es que su hijo haya entendido que usted no quiere que le pegue —ni a usted, ni a los amigos, los hermanos o las mascotas—; que arroje el agua o la comida por el suelo; que gimotee, grite o le diga "estúpida"; pero los impulsos eligen algo distinto y, aunque sonríe con satisfacción, no lo hace por maldad.

Regla N.º 1: Nunca jamás se tome a mal el comportamiento de un niño que va más allá de los límites.

Nuestros hijos nos aman, aprecian y necesitan más de lo que nos pueden decir. Recuérdese estas verdades varias veces por día hasta que las haya internalizado, ya que una perspectiva sana del comportamiento que pone a prueba los límites es clave como punto de partida.

Respetar a los niños significa comprender la etapa de desarrollo en que se encuentran, y no reaccionar a un comportamiento que es adecuado para la edad del niño como si se tratara de un adulto como nosotros.

Algunas de las razones más comunes del comportamiento provocador de los niños:

1. Socorro, no puedo funcionar. Pareciera que los niños pequeños son las últimas personas del planeta en notar su propio cansancio o hambre. Es como si estuviesen programados para seguir adelante como sea, y a veces el cuerpo se apodera de su mente y nos transmite mensajes de socorro mediante un comportamiento que busca llamar la atención.

Cuando pienso en el comportamiento provocador de mis propios hijos, los ejemplos que me vienen a la mente de inmediato tienen que ver con la fatiga.

Por ejemplo, la vez que mi hijo (que siempre dio la impresión de tener una facilidad natural para moverse en sociedad), cuando era pequeño y estaba en una clase RIE, de repente empezó a pegar y empujar. *¡Ajá! Está cansado y ya no quiere más.* Le hice saber que lo había oído y que nos marcharíamos: "No quiero que pegues. Creo que me estás comunicando que te sientes cansado y listo para irte a casa, ¿verdad?".

Pero luego me puse a conversar con uno de los otros padres y me olvidé por un momento; entonces, como era de esperar, le volvió a pegar a alguien. Sin duda fue mi culpa: "Perdona, B., te dije que nos marcharíamos y luego me puse a charlar. Gracias por recordarme que es hora de irnos".

Luego está el viaje familiar en el que una de mis hijas, que en ese entonces tenía 4 años, le habló a mi madre con una grosería inusitada. Desconcertada por un momento (*¿Cómo puede ser?*), pero decidida a mantenerme tranquila, intervine: "No puedo dejar que le hables así a la abuela… Nos marcharemos". La llevé fuera de la habitación gritando (era mi hija la que gritaba, aunque yo también tenía ganas). Mientras la llevaba a un lugar tranquilo donde pudiera desahogarse conmigo sin problemas, de repente me di cuenta: habíamos estado viajando durante seis o siete horas; por supuesto que estaba agotada y comunicándomelo a su manera de los 4 años. Qué tonta. Una vez más, fue mi culpa.

No recuerdo la cantidad de veces que el comportamiento de mis hijos se vino abajo porque de repente les dio un ataque de hambre, 20 minutos después de que se les había ofrecido comida. Y su respuesta ineludible —"Recién no tenía hambre"— siempre parecía injusta.

Al parecer, todo es justo en el amor, la guerra y las relaciones con niños pequeños.

2. Claridad, por favor. Muchas veces los niños se pasan del límite por la simple razón de que no les hemos respondido claramente a la pregunta "¿Qué harás si hago tal o cual cosa?". Y luego quizá necesiten saber "¿Será distinto el lunes a la tarde? ¿Cómo será cuando estás cansada? ¿O si yo estoy de mal humor? Si me enfado, ¿harás algo distinto?".

Entonces, al seguir poniendo a prueba los límites, los pequeños solo están haciendo su trabajo, que consiste en aprender sobre nuestro liderazgo (y nuestro amor), clarificar nuestras expectativas y normas de convivencia, así como entender dónde radica su poder. Nuestro trabajo es contestar lo más serena y directamente posible. Es evidente que las respuestas dependerán de la situación; sin embargo, deben demostrar una y otra vez que no nos sentimos en lo más mínimo amenazados por su comportamiento, que somos capaces de manejar la situación y que la misma no representa ningún problema.

3. ¿Por qué tanto escándalo? Al perder la calma, sermonear, dirigir demasiado al niño o incluso *hablar* demasiado sobre los comportamientos que ponen a prueba los límites, los padres pueden crear pequeños dramas interesantes que el niño se ve obligado internamente a recrear. Los castigos y las respuestas emocionales crean historias que son aterradoras, alarmantes, vergonzosas, o que hacen sentir culpa o varias emociones a la vez.

Cuando los padres dicen más de una o dos oraciones sobre el comportamiento que pone a prueba los límites, aun si se mantienen tranquilos, corren el riesgo de crear una historia acerca de un niño con un problema (quizá abraza a su hermanita bebé demasiado fuerte), lo cual luego hace que el niño identifique la historia y el problema como *suyos,* cuando en realidad se trata de un comportamiento impulsivo, momentáneo que probó un par de veces.

Por ejemplo, a diferencia de la anécdota que compartí de cuando mi hija le habló mal a su abuela —que a mi entender indicaba con claridad que estaba fuera de sí misma y desmoronándose—, si el ataque de grosería hubiese estado dirigido a mí la respuesta habría sido mucho más limitada. En lugar de reaccionar y correr el riesgo de crear un drama sobre las ocasionales quejas, los gritos de "estúpida", los "te odio" y demás, yo *des*habilitaría esos comportamientos al no permitir que me afectasen.

Quizá los hubiera reconocido diciendo "Veo lo enfadada que estás por tener que irte del parque. Te desilusionó mucho".

Siempre, siempre, siempre anime a su hijo a expresar estos sentimientos.

Como ya he mencionado, el ponernos a prueba de vez en cuando mediante estos comportamientos es característico de la edad, y si reaccionamos es probable que los animemos a seguir igual.

A veces los niños sonríen o se ríen cuando saben que están recreando un drama; pero por lo general es una sonrisa inquieta, tentativa, más que de felicidad.

4. ¿Tengo líderes capaces? Imagine lo desconcertante que es tener 2, 3 o 4 años y no estar seguro de si tenemos un líder estable. Los líderes más eficaces guían con seguridad, mantienen el sentido del humor y lo hacen parecer fácil. Esto requiere práctica, pero —no se preocupe— mediante el comportamiento que pone a prueba los límites los niños nos presentan abundantes oportunidades hasta que acertamos. Como aconseja Magda:

"Sepa qué es importante, tanto para usted como para el niño. Si usted no se comunica con claridad, la oposición del niño continuará, lo cual hará que usted se enfade aún más. A su vez, se resalta el conflicto ya existente, y esto conduce a una situación poco feliz, con una combinación de enfado, culpa y miedo. Es difícil para un niño crecer con padres ambivalentes".

– Magda Gerber, *Dear Parent: Caring for Infants With Respect*
(Estimado Padre: Cuidado del niño con respeto)

5. Me invade un sentimiento. A veces los niños ponen a prueba los límites con insistencia cuando necesitan liberar sentimientos o estrés que han internalizado. La forma más rápida y sana de aliviar esa necesidad de poner a prueba los límites (detalles y ejemplo en el Capítulo 20) es confiar en este proceso inestimable y sentar los límites con calma —pero de manera firme—, al mismo tiempo que aceptamos sus sentimientos. El tener una actitud en la que "se permiten todos los sentimientos" cortará de raíz la mayoría de los comportamientos provocadores.

6. El tipo de cumplido (o algo así) más sincero. Los niños son sensibles e impresionables, y nosotros somos sus modelos más influyentes; así, ellos absorberán nuestro comportamiento y lo reflejarán a través del de ellos. Por ejemplo, si arrebatamos juguetes de las manos de nuestra hija, quizá ella arrebate cosas a sus amigos una y otra vez. Es probable que un niño se comporte de forma más imprevisible cuando sus padres están disgustados o agobiados por algo, en especial si no han compartido abiertamente esos sentimientos.

7. Parece la mejor manera de que me prestes atención últimamente. Si el consuelo y la validación que representa nuestra atención han estado escaseando, o si ha habido dramas y mini argumentos convincentes en torno al comportamiento provocador de nuestro hijo, quizá termine repitiéndolo para atraer esa atención negativa.

8. ¿Me has dicho que me amas en el último rato? Cuando el niño siente que no se le presta atención, o incluso que está un poquito dejado de lado, eso lo pone nervioso, y el miedo se materializa en el comportamiento que pone a prueba los límites. Sin duda, los abrazos y los besos tranquilizadores, así como decirle "te amo", contribuirán a reestablecer la conexión; no obstante, los mensajes de amor que más importan se oyen a través de nuestra paciencia, empatía, aceptación, el liderazgo respetuoso y el interés genuino que ponemos en conocer a nuestro hijo.

Nuestros pequeños... amarlos es conocerlos.

3.

Cómo hablar con los niños pequeños

A menudo se habla de los niños pequeños como si fuesen de otra especie. Y, sin duda, cuando estamos en medio de la acción —las pruebas, los altibajos emocionales y las pérdidas de control— puede ser que nos sintamos en territorio desconocido.

¡No tema! Los niños no son más que humanos pequeños en un estado de gran confusión; pierden el equilibrio con facilidad debido a su rápido crecimiento, se llenan de ilusión con sus nuevas capacidades y logros, pero también a menudo se sienten frustrados por todas las cosas que aún no pueden hacer o decir.

Hay algunas modificaciones sencillas que podemos hacer en la comunicación para ayudar a aliviar la frustración y fomentar la confianza:

1. Hable normalmente. Los niños quieren aprender el lenguaje *nuestro*. Evite el habla infantil y comuníquese con oraciones completas; así desde el principio su hijo tendrá el modelo del lenguaje que se desea que adopte. También para nosotros es más respetuoso y natural. Podemos lograr la máxima comprensión utilizando oraciones más cortas, hablando más despacio y haciendo una pausa después de cada oración de modo de darle al pequeño el tiempo que necesita para absorber nuestras palabras.

No preste atención a los consejos de un conocido especialista que recomienda imitar a los pequeños con un habla estilo neandertal, como si la única forma de hacernos entender fuese hablar en tono condescendiente o dando por sentado que el niño tiene problemas de comprensión. Imagínese que va a un país extranjero, tiene la valentía de intentar hablar el idioma local y se burlan de usted imitando su extraña manera de expresarse. ¿Usted imitaría el habla esforzada de un extranjero en su presencia? Los niños pequeños han estado inmersos en nuestra lengua durante muchos, muchos meses y comprenden bastante más de lo que pueden decir.

2. Cambie el *no* por *sí*. En una clase para padres e hijos hace poco, Karina me preguntó qué debía hacer cuando su dinámica hija de 19 meses interrumpía las conversaciones con su marido. Me explicó que pedirle a Andrea que no interrumpiera no funcionaba en lo más mínimo; entonces le sugerí que afirmara "Andrea, oigo que pides que te prestemos atención. Cuando papá y yo terminemos de hablar voy a escucharte solo a ti. Danos cinco minutos, por favor". (Y que luego hiciera lo dicho).

Ahora, ¿funcionará esta respuesta como un milagro en todas las situaciones? Es probable que no. Parecería que los niños nunca superan la necesidad de atención cuando estamos ocupados. No obstante, hacer que un pequeño se sienta oído, en lugar de decirle que "no" todo el tiempo, respeta su necesidad de conservar la dignidad y hace más probable que cumpla con lo que se le pide.

De modo similar, parecería que decirle a un niño "Quiero que te quedes quieto cuando te sientas en mi falda" en lugar de "¡Deja de rebotar arriba mío!" disminuye el deseo de ponernos a prueba. Los niños aprecian la instrucción positiva y tienen tendencia a desconectarse o resistirse a la palabra "no"; por ende, más vale reservarla para una emergencia.

3. Ofrezca elecciones genuinas. Ofrecer a un niño pequeño la opción "¿Vas a guardar el juguete en el estante o en la caja?" es otra forma de cambiar algo que el niño percibe como negativo (tener que guardar el juguete) a algo positivo (poder elegir dónde ponerlo). También podemos decir "Veo que aún juegas. ¿Quieres que cambiemos el pañal ahora o en cinco minutos?".

Por lo general, lo único que necesita un niño pequeño es decidir entre dos opciones, siempre y cuando la pregunta sea fácil. "¿Qué podemos cenar esta noche?" o "¿Qué vas a ponerte hoy?" son preguntas amplias y pueden ser abrumadoras. Cuidado con las elecciones falsas, tales como "¿Quieres ir a la casa de tu tía María?". Si el niño dice "¡No!", la situación podría ser embarazosa.

4. Reconozca antes que nada. Reconocer el punto de vista de un bebé o de un niño pequeño puede tener un efecto tranquilizador mágico, ya que le da algo que él necesita con desesperación: el sentimiento de ser comprendido. Una simple afirmación acerca de los esfuerzos de nuestro hijo ("Qué trabajo te están dando esos zapatos. Realmente pones mucho esfuerzo") puede darle el ánimo necesario para perseverar más allá de su frustración.

Pero tenga cuidado de no dar por sentados los sentimientos de un niño ("El perro te da miedo"), o de invalidar la respuesta de un niño porque nos parece una reacción exagerada ("Es un perrito, nada más. No te lastimará"). Lo más seguro es enunciar lo que sabemos con certeza: "Parece que el perro te disgusta. ¿Quieres que te alce?".

El recibir nuestro reconocimiento primero puede hacerle menos pesado al niño el no salirse con la suya: "Quieres seguir jugando afuera, pero ya es hora de entrar. Sé que es difícil tener que venir adentro cuando no estás listo". Más allá de lo equivocado o ridículo que nos parezca el punto de vista de nuestro hijo, él necesita la validación de nuestra comprensión.

Reconocer los deseos de nuestro hijo equivale a expresar verdades que tal vez preferiríamos dejar a un lado, como "Querías cruzar la calle corriendo, pero no te dejaré". O "Quieres irte de la casa de tía Lucía, pero aún no es hora".

Siempre es más difícil acordarnos de reconocer los sentimientos de un niño en el ardor de un momento complicado, pero si durante un berrinche el niño puede oír algo, el oír que reconocemos su punto de vista lo tranquiliza. "Querías un helado de cucurucho y te dije que no. Te disgusta no conseguir lo que quieres".

Cuando un pequeño se siente comprendido percibe la empatía detrás de nuestros límites y correcciones. Igual se resiste, grita y se queja; pero, al fin y al cabo, sabe que estamos siempre con él, de su lado. Estos primeros años definirán nuestra relación durante muchos años más.

4.

La disciplina para con los bebés: de persona a persona

Hola, Janet:

Tengo una pregunta sobre mi hijo de casi 13 meses. Es sumamente curioso y le encanta interactuar con el mundo que lo rodea. Siempre hemos tratado de darle poder de decisión y hacerlo sentir seguro, con el apoyo necesario para intentar cualquier cosa (que no sea peligrosa, por supuesto).

Teniendo en cuenta mis experiencias de trabajo como educadora en un colegio inspirado en el enfoque de Reggio Emilia y de Montessori, trato de hablarle de lo que puede hacer en lugar de lo que no puede hacer; esto supone usar muy poco la palabra "no" (o no usarla). También intento hablar en un tono neutral y equilibrado, reconocer sus emociones haciendo comentarios en lugar de suposiciones precipitadas (por ejemplo: "Pareces frustrado. ¿Quieres que te ayude?", u otras), y utilizar el poder de una caricia.

Últimamente, he oído comentarios de amigos sobre la disciplina, sobre cómo a esta edad nuestros pequeños nos están poniendo a prueba y no deberíamos reafirmar los "malos hábitos", como dar chillidos, hablar a los gritos, pedir las cosas gimoteando o hacer cosas que no queremos que hagan. Comprendo que las respuestas que damos a nuestros hijos envían mensajes profundos. En mi caso, veo que en comparación con mis amigos le pongo a mi hijo muy pocos límites y restricciones. Mientras que algo no sea peligroso física, social o emocionalmente, le permito probar y examinar lo que sea que le llame la atención. Me siento orgullosa de que sea curioso y esté deseoso de interactuar y explorar.

¿Tú que piensas acerca de disciplinar a un niño tan pequeño?

Gracias,

Daniela

La nota de Daniela es una descripción clara tanto de un momento crítico en el desarrollo emocional de su hijo como de la base de una relación sana y respetuosa entre padre e hijo. Mi respuesta fue la siguiente:

Querida Daniela:

Tus instintos, experiencia y formación parecen haberte ayudado a crear una relación sumamente positiva con tu hijo. Es evidente que lo adoras y merecidamente estás orgullosa; asimismo, lo ves como un individuo capaz y lo tratas de igual manera. Esto se manifiesta en el modo en que tú:

a) te mantienes clara y neutral cuando él se siente frustrado;

b) le dices qué tiene *permitido* hacer en lugar de desgastar la palabra "no";

c) reconoces sus sentimientos y punto de vista aun cuando difieren de los tuyos o de una regla; y

d) lo mantienes protegido al mismo tiempo que procuras no desalentar su curiosidad.

Vas bien encaminada a establecer una relación de confianza y respeto; esto hará que la disciplina sea un componente orgánico, intuitivo y menos desconcertante en la crianza de tu niño.

Concuerdo con tus amigos en que los niños pequeños necesitan límites de comportamiento; la clave está en la forma en que sentamos esos límites y respondemos al impulso sano de nuestro hijo de ponerlos a prueba. Como bien dices, nuestras respuestas envían mensajes profundos. Cada interacción con nuestro hijo es una experiencia de aprendizaje, y es por eso que recomiendo el enfoque respetuoso, "de persona a persona", que tú sigues.

Algunas ideas y sugerencias sobre la disciplina en los niños de entre 1 y 2 años. Ya que mencionaste el "dar chillidos" o "hablar a los gritos" y el gimoteo, intentaré usar esos comportamientos de ejemplo.

Nuestras necesidades también importan. La crianza de un hijo implica entablar una relación con otra persona. Al criar a nuestros hijos, hacemos muchos sacrificios que valen la pena, pero es mejor no subordinar todas nuestras necesidades a la felicidad de nuestro hijo, porque a) eso hace que *nosotros* nos sintamos infelices y resentidos; y b) no predispone a nuestros hijos sanamente hacia la disciplina ni les da una expectativa realista de la vida.

Encarar un enfoque de la disciplina sincero y respetuoso implica ser los dueños de nuestro espacio en la relación con nuestro bebé. De la misma manera en que estamos aprendiendo acerca de nuestros hijos, ellos necesitan conocernos a *nosotros*: lo que nos gusta, lo que no nos gusta, nuestras aversiones y nuestros límites. No debe incomodarnos el desacuerdo mutuo; y los bebés y niños pequeños expresan el desacuerdo llorando o con un berrinche.

Si bien estos *no* son los gritos urgentes de dolor, angustia o hambre por los cuales dejaríamos todo lo que estamos haciendo, son igual de difíciles de oír. Para desarrollar una relación sincera y equilibrada, de persona a persona, nuestros hijos deben aprender desde el principio que siempre haremos lo posible por darles todo lo que necesitan, pero que no siempre pueden salirse con la suya… y que eso está bien.

Para algunos de nosotros, tal vez signifique exigir unos minutos en paz a la mañana para tomar una taza de café, darle una mirada al periódico, ir al baño sin compañía o tener un ratito para preparar la comida de ellos o la nuestra en la cocina. Luego, cumplir con nuestra parte del trato implica permitirle a nuestro hijo expresar sus sentimientos, mantener la calma y validar:

"Estás disgustado por el tiempo que me está llevando cocinar".

"No quieres que me vaya".

"Oigo que me llamas. Estaré allí en cinco minutos".

"Sé que quieres trepar por encima de mí para practicar ponerte de pie, pero me molesta. Voy a ayudarte a que te sientes otra vez".

En el caso de un niño de 13 meses que gimotea o grita, se podría decir "Demasiado fuerte. No entiendo cuando gritas (lloriqueas, etc.). ¿Me pides que te levante? No puedo hacerlo en este mismo instante, pero me sentaré contigo unos minutos cuando termine de guardar las compras".

En el caso de un niño más grande, con lenguaje verbal más desarrollado, se podría decir "Habla en tu voz habitual así te puedo entender". O "Esos gritos me lastiman los oídos. Deja de hacerlo y háblame; dime lo que quieres".

De esta manera, no ignoramos los gritos o quejidos, pero tampoco los complacemos. Guiamos a nuestro hijo para que nos diga qué necesita de la manera más clara y amable posible; luego le hacemos saber qué podemos y estamos dispuestos a hacer al respecto.

Nuestras expectativas deben ser claras. Desde el principio, tenemos la misión de hacer que nuestras expectativas sean lo más claras y coherentes posible. La mejor forma de lograrlo es hacer que los días del bebé tengan una rutina y sean predecibles. El tener un ritmo diario los ayuda a comer, dormir y jugar mejor, como también a sentir que tienen un poquito de control sobre su mundo. Cuando están descansados y alimentados, los bebés se muestran mucho mejor predispuestos a nuestra guía, y existe menor probabilidad de que se sientan abrumados o se porten mal. (A menudo las quejas o los gritos equivalen a hambre, cansancio o sobreexcitación).

Debemos mantener una comunicación directa, sincera y en la primera persona. Una buena forma de acordarnos de tratar a nuestro bebé como una persona es hablarle en la primera persona. Utilizar "yo" y "tú" en lugar de "mami" y "Pedrito" funciona de maravillas para mantener la comunicación directa y franca. Además es mucho más fácil para el niño entender nuestra guía y responder a ella cuando decimos con tranquilidad "No quiero que me pegues" en lugar de "Mami no quiere que Pedrito le pegue", o "No pegamos" o "No gritamos" (el niño bien podría pensar "¡Pero *yo* sí!").

No decir solo que no. Nuestro bebé percibe el respeto que le tenemos y aprende mucho más sobre nosotros y nuestras expectativas cuando usamos la palabra "no" con moderación y la reemplazamos con una simple guía acompañada de una explicación breve:

"No le pegues a la perra, que le duele. Puedes pegarle a este animal de peluche"; "No puedo dejar que toques el cable eléctrico, pues es peligroso. Te ayudaré a que lo sueltes"; o "No quiero que grites; me hace doler los oídos y no te entiendo. Muéstrame lo que quieres, por favor". Además, los niños son más propensos a hacer caso a un "no" cuando no lo decimos constantemente.

Guiarlo en lugar de usar trucos. Guiar de persona a persona significa decir que no a los trucos, las tácticas y los castigos tales como el tiempo fuera. Significa no ofrecer distracciones o hacerle el vacío a un niño que está gritando o lloriqueando (o comportándose mal de algún otro modo) para desalentar el comportamiento, sino más bien preguntarle directamente qué quiere comunicar y explicarle cómo nos gustaría que lo dijera.

No recomiendo algunas expresiones que se usan al hablar con los niños, como "la voz interior" o "usa tus palabras". ¿Por qué? *Porque jamás diríamos algo así a otro adulto*. (Preguntarnos "¿Trataría así a un adulto?" es un buen indicador para garantizar el respeto por nuestro hijo). Tampoco sobornaríamos o distraeríamos a nuestros pares con el fin de controlar su comportamiento.

Tratar a nuestro niño pequeño como una persona significa insistir en que nos dé la mano cuando caminamos juntos en lugar de llevarlo con una correa o perseguirlo, y esperar que al comer se siente y no arroje la comida. No existe la menor duda de que los niños pequeños son capaces de cooperar; sin embargo, necesitan que se les enseñe mediante comentarios respetuosos, correcciones y el ejemplo, en lugar de que se los engañe, manipule o fuerce.

La curiosidad es genial. No la desanimes. Nuestro instinto como padres es decir "Ay no, no hagas eso" cuando, de repente, nuestro pequeño nos sorprende porque es capaz de alcanzar o treparse a algo "fuera de los límites". Sin embargo, las capacidades de nuestros hijos se van desarrollando diariamente, y no deberíamos desalentarlas. Decir "¡Vaya, ya alcanzas allí!" o "Mira la hoja que has encontrado", antes de agregar "… pero es peligroso tocarla (o metérsela en la boca), así que la voy a cambiar de lugar" alienta al bebé a seguir dando rienda suelta a su instinto saludable de explorar.

Retomando el ejemplo de las vocalizaciones fastidiosas, a veces quizá tengamos que decirle al bebé (que pasa por una etapa encantadora en la que experimenta con la voz) "¡Ahora puedes hacer ese gorjeo fuerte! ¡Vaya, taladra los oídos!". Y después nada más, ya que si decimos mucho o intentamos desalentar los ruidos animados de un bebé, podríamos estar echando leña al fuego. A veces necesitamos el autocontrol para saber cuándo respirar hondo y mordernos la lengua.

Espero que te sirva de ayuda.

Un afectuoso saludo,

Janet

5.

La necesidad de límites
del niño pequeño

Cuando un bebé se acerca al final del primer año, los padres comienzan a tener dificultades con los límites. En mis clases para padres e hijos, los padres bondadosos permiten que el niño se les trepe por encima. El niño está buscando límites para su comportamiento; no obstante, a menudo las mamás y los papás tienen miedo de decir "No quiero que te me trepes. Puedes sentarte conmigo. Si necesitas trepar, allí hay un juego para trepar".

Cuanto antes el cuidador pueda sentar estos límites, más fácil será para el niño renunciar al "ponernos a prueba" y regresar al juego. A veces los padres temen que si son firmes y coherentes con las reglas destrozarán el espíritu del niño. En realidad, es al revés. Un niño no se siente libre a no ser que se hayan sentado límites claros.

La educadora Janet González-Mena usó la siguiente analogía para describir la necesidad de límites de un niño. Imagine manejar por un puente en la oscuridad. Si el puente no tiene barandas, manejamos despacio y con vacilación. Pero si vemos barandas a ambos lados, podemos manejar con tranquilidad y confianza. Así es como se siente un niño pequeño en cuanto a los límites en su entorno.

En busca de las "barandas" que necesita para sentirse seguro, el niño continuará poniendo a prueba a su cuidador hasta que los límites se hayan establecido de manera clara. Las luchas de voluntades son un componente necesario para el desarrollo de la identidad del niño, pero el resultado debe ser que el niño sepa que el adulto está a cargo. Si bien los niños por lo general no lo admiten, no quieren ser omnipotentes, y la posibilidad de que tal vez lo sean es, sin duda, aterradora. Los niños que crecen sin límites firmes y coherentes son inseguros y están desencantados de la vida. Agobiados con demasiadas decisiones y demasiado poder, se pierden de la alegre libertad que todo niño merece.

En las clases de crianza de RIE, no es raro que un niño se comporte mal y pegue, empuje o lance un objeto a uno de sus padres u otro niño. Cuando surge este problema, animo al padre o la madre a que, si puede prever el golpe, levante la mano para impedir la agresión del niño, y diga con firmeza pero con total naturalidad "No dejaré que pegues". O, justo después del golpe, el padre a cargo simplemente podría decir "No quiero que golpees".

Si los padres se muestran enfadados, se exasperan o dicen demasiado, corren el riesgo de transformar el comportamiento indeseable del niño en todo un acontecimiento. Por ejemplo, si un padre empieza a regañar ("¡No es bueno pegar! ¡A la gente le duele! En esta familia no pegamos"), podría echar leña al fuego al darle demasiada atención a la acción del niño, y sin saberlo causar que quiera repetirla.

En el otro extremo, si un padre contesta con "¡Ay, no! No me pegues, ¿eh?" o "A los amigos no se les pega, ¿verdad?", el niño no recibe la muestra de autoridad clara que necesita. Entonces, seguirá probando para incitar al padre a que se haga cargo.

Cuando los niños se comportan mal yo los imagino sosteniendo banderitas rojas que dicen "¡Socorro!"; "¡Detenme!"; "¡Contrólame!"; "¡Sé mi madre!".

El padre a cargo debe responder con claridad, calma y convicción.

Si un niño que indica la necesidad de límites no recibe respuestas consecuentes y eficaces, es probable que recurra a señales de alarma más grandes. Hace años, me vi en presencia de una señal bien grande cuando mi hija de 3 años y yo íbamos caminando por el parque cerca de una plaza de juegos. Un niño que parecía de 4 o 5 años dio toda la vuelta alrededor de la plaza para llegar a donde estaba mi hija y golpearla en el pecho. Ella no lloró, pero ambas quedamos estupefactas. En otras circunstancias, tal vez me hubiese emocionado con lo que se presentó frente a mis ojos: un actor de cine guapo y famoso, del tipo James Bond, se acercó a mí apresurado. Era el avergonzado padre del niño, quien, incapaz de mirarme a los ojos, masculló una breve disculpa y apuró a su hijo para irse.

Si bien todos los padres tenemos que aprender y adaptarnos para entender cuál es la mejor manera de guiar el comportamiento de un niño, la ausencia de esa guía puede tener consecuencias graves y a largo plazo. Si estos problemas se dejan desatendidos, con el tiempo, el niño podría experimentar con el comportamiento destructivo, y causar daño a los demás o a él mismo como un llamado inconsciente a la intervención de los padres. Lo más seguro es siempre abordar los límites de manera eficaz en el estadio más temprano posible.

Lo que sucede es que al comienzo tenemos un bebé adorable y angelical. Entonces, las primeras veces que demuestra algún signo de agresión nos espantamos. No obstante, la mayoría de los niños pequeños en algún momento se porta mal; los padres no deben preocuparse de que el niño demuestre un rasgo malvado. De hecho, con frecuencia se portan mal para indicar que están cansados y necesitan volver a casa.

Los pequeños también se portan mal cuando existe una falta evidente de límites en el hogar. A veces, el niño está expuesto a adultos u otros niños que no respetan sus límites; lo atrapan y le hacen cosquillas, por ejemplo, lo cual no le permite tener el sentido de un espacio seguro. Cuando un niño pequeño es avasallado y atacado de esta forma, los límites físicos con otras personas se vuelven algo confusos para él. Si los padres o los niños mayores sienten la necesidad de zarandear al bebé, deberían esperar hasta que sea lo suficientemente grande como para estar en igualdad de condiciones.

A veces, un niño se porta mal repentinamente en clase debido a que existe un hueco en las "barandas" que le ponen en su casa. La historia de Hernán demuestra de manera acertada con qué intensidad el niño necesita límites concretos a medida que se va haciendo más independiente.

Hernán es un niño de 20 meses encantador y sociable, que saluda a los padres cuando llegan a la clase y les da juguetes a los niños que parecen angustiados. Pero un día, Hernán llegó a clase y empezó a pegarle a todo el mundo. Su madre,

Guillermina, estaba preocupadísima. Le pregunté si algo había cambiado en casa, y mencionó que últimamente se sentía frustrada al poner a Hernán en su asiento de seguridad del coche cuando tenían que ir a algún lado. Ella le permitía tomarse su tiempo y esperaba mientras él daba vueltas y jugaba dentro del coche. Al final, Guillermina se impacientaba y, después de decirle lo que haría, lo ponía en el asiento. No podía creer que Hernán igual lloraba, aun después de que ella había intentado un enfoque respetuoso y le daba tanto tiempo para que se sentara solo.

Guillermina estaba confundiendo una situación de transición, un momento en el que Hernán necesitaba sentir que su madre estaba a cargo, con un momento de juego, en el que es mejor dejar al niño a cargo de dirigir lo que sucederá. Le aconsejé a Guillermina que diera a Hernán la opción de subirse al asiento solo, pero que si no lo hacía inmediatamente ella debería colocarlo, aun si lloraba. Unos días más tarde, me envió una nota de agradecimiento: Hernán había dejado de pegar. Una vez que Guillermina le dejó en claro que él no estaba a cargo de decidir cuándo sentarse en su asiento, la necesidad de provocar la atención de su madre disminuyó.

La evidencia más clara que he encontrado del deseo que tiene un niño de que sus padres tengan el control me llegó a través de una amiga mía y también se relaciona con un asiento de seguridad. Marina era una madre vacilante, alguien que evitaba poner límites. Me explicó que le estaba resultando imposible lograr que su hija Elisa, de 3 años, se sentara en la sillita del coche; la niña gritaba y se negaba a cooperar. Le recomendé a Marina que dijera "Sé que no quieres hacerlo, pero debes sentarte en tu sillita", y luego la pusiera allí con suavidad, con la mayor tranquilidad posible. Marina me contó que cuando insistió en poner a Elisa en el asiento de seguridad, la niña gritaba y pataleaba. Luego, mientras Marina arrancaba el coche completamente afligida, Elisa dijo suavemente "Eso es lo que quería que hicieras".

Los niños no se sienten heridos cuando los adultos a quienes necesitan con desesperación fijan límites de comportamiento. Consentir a un hijo resulta más fácil para un padre que ser firme y coherente, y los niños lo saben. Un niño puede llorar, quejarse o incluso tener un berrinche cuando se le ponen límites; no obstante, en el fondo de su corazón él percibe cuando sus padres se esfuerzan con pasión para brindarle un nido seguro y verdadero amor.

6.

La clave para obtener cooperación

Al estilo de "Mis cosas favoritas", de *La Novicia Rebelde*:

La naricita o la colita o las uñitas que limpiar
Asientitos, medicinas y vacunas de la edad
Son algunas de mis cosas favoritas, de verdad...

Ningún niño ha dicho *jamás* algo parecido a esta canción. Y dado que los niños tienen tendencia a resistirse a este tipo de actividades, por lo general los padres se sienten intimidados por ellas. Así, en nuestro apuro por sacarnos el trabajo de encima, apresuramos al bebé durante el cambio de pañal y arremetemos sobre su nariz mocosa; distraemos a los niños para darles el medicamento sin que se den cuenta o hacemos que se queden quietos cuando hay que ponerles las vacunas; e intentamos cortarles las uñas y el pelo cuando no miran, incluso cuando están durmiendo.

Lo irónico es que estas tácticas terminan creando muchos disgustos e incrementando la resistencia que esperábamos evitar. Nuestros bebés enseguida aprenden a huir en cuanto nos acercamos con un pañuelo de papel.

Sin embargo, existe un secreto simple que alivia la

irritación de estas tareas rutinarias, y hasta puede transformarlas en momentos agradables de cooperación y conexión.

El secreto para conseguir la colaboración de nuestros hijos es el mismo en todos los aspectos de una crianza satisfactoria: **el respeto**.

Los recién nacidos, los bebés más grandes, los niños pequeños y los de edad preescolar —igual que la gente de todas las edades— desean que se interactúe con ellos, que se los incluya y se los invite a participar en lugar de ser entes pasivos a los que se les hacen cosas. No se los puede culpar. Algunas claves para ofrecer respeto:

1. Transforme la actividad en una rutina y/o avíseles con tiempo. Para los niños pequeños, la vida puede parecer abrumadora. Cuánto más sepan con anticipación, más probable es que tengan una buena predisposición y cumplan con las expectativas de los adultos.

Informamos a los niños de dos maneras: a) creando rutinas diarias predecibles, de manera que sepan qué esperar; y b) hablando con franqueza y de antemano sobre todo lo que sucederá (en el consultorio médico, por ejemplo).

"La previsibilidad forma hábitos; y los hábitos hacen mucho más fácil vivir con reglas. Dado que los niños muy pequeños no comprenden las razones de las reglas que se espera que sigan, es mejor si se vuelven cuestión de rutina. Hay cosas que no necesitamos o no queremos repasar cada vez que las hacemos, como lavarnos los dientes".

– Magda Gerber, *Dear Parent: Caring for Infants With Respect*

(Estimado Padre: Cuidado del niño con respeto)

2. No interrumpa. Respete el juego de su hijo y demás actividades que él haya elegido. No interrumpa si no es absolutamente necesario. A menudo nos damos cuenta de que la nariz que chorrea o el pañal mojado pueden esperar hasta que el niño haya terminado, o al menos haya tenido un poquito más de tiempo. Entonces, repito, prepare a los niños: "En unos minutos será hora de que te pongas el pijama, te laves los dientes y elijas un libro".

"Si un niño tiene suficiente oportunidad para jugar de manera independiente, sin interrupción, es probable que esté mucho más dispuesto a cooperar con las demandas de sus padres".

– Magda Gerber

3. Comuníquese aun con los bebés más pequeños. Los niños son personas completas desde el momento en que nacen, y alentamos su participación y colaboración en las tareas cuando les hablamos de forma sincera y directa: "Tengo que limpiarte la nariz con este pañuelo; por favor no muevas la cabeza por un momento".

4. Dé autonomía. Deje que su hijo lo haga, o al menos lo intente. ¿Qué puede perder? Quizá quede asombrada con el talento de su bebé para limpiarse la nariz. Los niños pequeños y no tan pequeños se sienten más autónomos cuando los dejamos elegir: "¿Quieres tomar el medicamento ahora o después de almorzar?"; "¿Qué uña quieres que cortemos primero?".

Ahora, tenga cuidado con las elecciones falsas.

Puede parecer amable y respetuoso preguntarle a un niño "¿Puedo darte el medicamento ahora?", pero solo si todas las opciones nos son aceptables.

5. Vaya más despacio en todo. Haga los movimientos más despacio, hable más despacio y alargue las pausas. Cuanto más pequeño sea el niño, más tiempo necesitará para procesar nuestras palabras.

"Uno puede aumentar en el niño el sentido de sí mismo como alguien que toma decisiones al permitir que pase suficiente tiempo después de solicitar algo, de modo que el niño pueda decidir por sí mismo si cooperar o no".

– Magda Gerber

6. No haga varias tareas al mismo tiempo. Los niños necesitan toda su atención durante estas actividades de colaboración. Preste atención, conéctese, y aliente al niño a hacer lo mismo.

7. Reconozca. Si enfocamos la situación con respeto y nuestro hijo aún se opone o resiste, reconozca sus sentimientos y su punto de vista: "Giras la cabeza hacia el otro lado. No quieres que te seque la nariz con el pañuelo. Esperaré un poquito hasta que estés listo".

Cuando, a pesar de nuestra actitud respetuosa, los niños se niegan a cooperar y debemos hacer algo contra su voluntad, es aún más crucial que reconozcamos su disconformidad o enfado: "Eso no te gustó; te ofendió".

8. Dé las gracias. Agradezca al niño por ayudar en lugar de elogiar con un "muy bien" vacío. Reconozca los logros y el progreso: "¡Ahora te puedes cepillar los dientes solo!".

Cecilia me escribió una nota en la que comparte conmigo cómo finalizó una "pelea de la cuchara" con su bebé de 10 meses gracias a que se comunicó con respeto, fue más despacio y le dio autonomía:

… Cada vez que intentaba darle comida pisada a nuestro bebé él tomaba la cuchara y la sostenía tan apretada que los nudillos se le ponían blancos. Yo me enfadaba muchísimo y trataba de quitársela desprendiendo los deditos. La hora de comer era cada vez más estresante. Se me ocurrió que la única solución sería ofrecerle más bocaditos para comer con la mano, pero había veces que necesitaba darle comida pisada.

Hace alrededor de un mes se me encendió la bombilla y me di cuenta de que estaba enfocando mal la cosa. Le pedí la cuchara; no me la dio, pero al final la soltó. Le pregunté si era para mí. Me miró fijo. Fui a tomarla al mismo tiempo que le explicaba que pondría más comida en la cuchara y se la devolvería.

Durante las siguientes comidas empezamos a dominar el darnos la cuchara el uno al otro. Ahora él me la entrega, no es nada del otro mundo; y no solo la cuchara: ahora le gusta darme todo, piedritas, juguetes ¡lo que sea!

La hora de comer ha cambiado por completo, y siento que mi niño de hecho disfruta dar a los demás cuando quiere hacerlo. Gracias por todo el tiempo que inviertes en escribir; a mí como madre me ha ayudado mucho.

7.

Cinco razones
para abandonar las distracciones
(y qué hacer en cambio)

La distracción es una táctica de "redirección" común para ocuparse del comportamiento indeseable de un bebé o un niño pequeño. Es comprensible el atractivo porque se trata de enfocar al niño en otra actividad en lugar de enfrentar el problema de manera directa. Nos ayuda a esquivar la bala que representa la resistencia de nuestro hijo, la que puede incluir enfado, lágrimas o una pérdida total del control (cosas que todos deseamos evitar, en especial en público).

Al parecer, la distracción a menudo funciona —al menos por un momento— y entiendo que permite a la madre, el padre o la persona a cargo seguir siendo el bueno de la película. ¡A mí me encanta ser el bueno! En lugar de decir "No puedo dejar que dibujes en el sofá, aquí tienes papel si quieres dibujar" (o mejor aún, directamente no dejar marcadores dando vueltas si hay niños pequeños sin nadie para supervisarlos), es más fácil y menos probable que cause desavenencia si cambio de tema con entusiasmo: "¿Me dibujarías una carita loca en este papel?".

Esto me permitiría salvar el sofá justo a tiempo; sin embargo, mi hijo no tiene idea de que no está bien dibujar en él, y es muy probable que lo intente otra vez.

Pero al menos no hay lágrimas ¡y sigo siendo el bueno de la película!

He aquí la primera de varias objeciones que tengo a la táctica de la distracción:

1. La falsedad. A mí no me gusta hacerme la que estoy animada o alegre cuando en realidad estoy un poco enfadada. Además de hacerme sentir una persona muy falsa, no me parece que sea un buen modelo o algo saludable para la relación con mis hijos. Por más incómodo que sea enfrentar las consecuencias (o los marcadores en el sofá), creo que los niños se merecen y *necesitan* una respuesta sincera. Si podemos evitarlo, no deberíamos reaccionar con enfado; sin embargo, tampoco tenemos que actuar o ser falsos. Lo único que se necesita es mantener la calma, hacer una simple corrección y dar una verdadera opción (por ejemplo, "Puedes dibujar en un papel o elegir hacer otra cosa").

Sí, el niño se puede disgustar: tiene derecho a su opinión distinta y sus sentimientos. Es bueno para él descargarse y que nosotros reconozcamos esos sentimientos: "Tenías muchas ganas de dibujar en el sofá y yo no te lo permití". Los niños son capaces de pasar por este tipo de conflictos seguros y adecuados a la edad, lo cual me lleva a mi segunda objeción a la táctica de la distracción…

2. El desperdicio de oportunidades para aprender de los conflictos. Nuestros hijos necesitan practicar el manejo de desacuerdos en entornos seguros, con nosotros y con sus pares. Cuando nuestro bebé o niño está forcejeando con otro por un juguete y nosotros de inmediato le sugerimos "Ay, mira aquí este otro juguete, es genial…", lo privamos de una valiosa oportunidad de aprender cómo negociar los conflictos por sí mismo.

Dirigir a nuestro hijo hacia otro juguete idéntico, si lo hay, quizá ayude si los niños están verdaderamente atascados, pero aun así los bebés o niños pequeños por lo general quieren el que está "en contienda" en las manos de otro niño. A menudo los niños están mucho más interesados en comprender la pelea que en el juguete en sí. Pero sea cual fuese el foco, los niños pequeños necesitan nuestro tiempo y confianza en ellos para aprender a resolver conflictos en lugar de evitarlos.

3. La falta de guía. ¿Qué aprende un niño cuando lo dirigimos a que dibuje una carita loca en lugar de decirle llanamente que no podemos permitirle dibujar en el sofá? Los bebés y los niños necesitan que los ayudemos a comprender las normas de convivencia y con el tiempo internalizar nuestras expectativas y valores. La distracción elimina la posibilidad de un momento apto para la enseñanza.

4. Subestima y desalienta la atención y la conciencia. Distraer a un niño significa pedirle que se desvíe del tema y olvide lo que acaba de suceder. ¿Se debería alentar esta falta de conciencia? Un artículo que leí hace poco —publicado por una editorial universitaria— aconsejaba: "Dado que el período de atención de un niño pequeño es tan corto, a menudo la distracción es eficaz".

Incluso si estuviera de acuerdo en que los niños tienen períodos de atención cortos, algo que no comparto, distraerlos de algo en lo cual están ocupados parece el método infalible para acortarlos más aún. Y los niños que no están acostumbrados a la distracción no se la creen: no se los puede engañar, engatusar, tentar para que no dibujen en el sofá (lamentablemente). Una vez que se los anima a estar totalmente presentes y conscientes, necesitan —y se merecen— una respuesta o directiva sincera.

Un niño consciente puede ser menos conveniente a veces (por ejemplo, cuando no podemos engañarlos con juegos de manos: "¡Uy! ¡El celular desapareció y apareció un sonajero en su lugar!"); no obstante, la conciencia y la atención son indispensables para el aprendizaje, y le serán de gran utilidad a lo largo de su vida.

5. El respeto. La distracción es un engaño que subestima la inteligencia de un niño pequeño, su capacidad de aprender y comprender. Él se merece el mismo respeto que le tendríamos a un adulto, y no lo siguiente (tomado de un sitio web sobre la crianza de niños pequeños):

Distraer y desviar la atención. La mejor forma de disciplina para los niños pequeños es la redirección. En primer lugar, debe distraerlos de su intención original y luego, desviar rápidamente su atención hacia una alternativa más segura. Deles otra cosa para hacer, como ayudar con las tareas del hogar, por ejemplo, y pronto estarán entretenidos en lugar de invertir mucha energía emocional en el plan original.

No entiendo cómo la distracción puede interpretarse como disciplina. Pero aún más importante, ¿usted distraería a una persona adulta en medio de una discusión y la mandaría a lavar el piso?

Entonces, ¿por qué tratar a alguien pequeño como un tonto? Creo que se le puede confiar al bebé la elección de dónde invertir su energía emocional. Solo él sabe en qué está trabajando y qué está tratando de comprender.

Algunas opciones para dar como respuesta, que no solo funcionan sino que también son respetuosas y auténticas:

Primero respire hondo. Haga una pausa y observe... a no ser que un marcador ya esté tocando el sofá o haya un puño por golpear la cabeza del amiguito de nuestro hijo, en cuyo caso tomamos las manos o los marcadores lo más suavemente posible. Pero luego respiramos.

Manténgase tranquila, cariñosa y empática, pero también firme. En caso de un conflicto con un amigo, narre la situación de manera objetiva sin reprochar ni culpar. Magda Gerber llamaba a esto *relato*: "Los dos, Lucas y Juan, quieren sostener el camión. Es difícil cuando los dos quieren usar la misma cosa... En verdad les está costando mucho..." Permita la lucha, mas no deje que los niños se lastimen. "Noto que estás frustrado, pero no dejaré que pegues".

Reconozca los sentimientos y el punto de vista. Cuando todo haya acabado, reconozca: "Ahora Lucas tiene el camión. Juan, tú lo querías. Estás disgustado". Esté completamente disponible para consolarlo si el niño lo desea.

Después de nuestra respuesta a un comportamiento como dibujar en el sofá, y después de que hemos permitido al niño llorar, discutir, o pasar a otra cosa, según prefiera, al mismo tiempo que ofrecemos empatía y consuelo, podemos reconocer su punto de vista: "Creías que el sofá necesitaba decoración. Te dije que no y no te gustó".

Identifique los logros y aliente la curiosidad. El uso de la distracción como una táctica de redirección refleja nuestra tendencia natural a querer poner un final inmediato al comportamiento indeseable de un niño. Y en nuestra prisa es fácil olvidarnos de identificar y alentar los aspectos positivos de la situación, tales como la inventiva, el logro, la curiosidad. Cuando la situación *no* es una emergencia podemos tomarnos un momento para reconocer: "¡Vaya! ¡Te esforzaste por alcanzar hasta la encimera y tomaste mis anteojos de sol!".

Después podemos permitir que el niño inspeccione los anteojos de sol mientras los sostenemos. Si intentara quitárnoslos de las manos, podríamos decir "Puedes mirarlos y tocarlos, pero no dejaré que los sostengas". Luego, si la situación termina en una lucha, podríamos finalizar con "Tienes muchísimas ganas de sostenerlos y no puedo permitírtelo. Voy a guardarlos en el escritorio".

Tratar estas situaciones de manera abierta, con paciencia, empatía y sinceridad —enfrentando las lágrimas del niño y aceptando transitoriamente ser "el malo"— es el camino hacia una relación cariñosa, la confianza y el respeto. Aunque no lo crea, estos son buenos momentos *de verdad*.

8.

Por qué los niños
no hacen caso

A menudo los padres me preguntan "¿Por qué mis hijos no me escuchan?". En verdad, lo que quieren decir es "¿Por qué no me hacen caso?".

Los niños están listos para escuchar; desde el nacimiento están preparados para empezar a descifrar nuestras palabras e intuir nuestros mensajes tácitos. Asimismo, son individuos únicos que enseguida desarrollan ideas, opiniones y deseos propios. Muchas veces los bebés y los niños pequeños entienden perfectamente lo que queremos, pero eligen hacer lo contrario.

Entonces, ¿por qué nuestros hijos no hacen lo que les pedimos? Estas son las razones más comunes:

1. La desconexión. Los niños se sienten desconectados por diversas razones. Quizá hemos hecho énfasis en el castigo o los hemos manipulado (a veces sin siquiera saberlo), en lugar de ser los guías respetuosos y benévolos que nuestros hijos necesitan para conocer nuestras expectativas.

Quizá hemos cometido el error común de tomar a pecho el comportamiento reticente de nuestro hijo, que es algo adecuado a la edad. ¿Cómo es posible que este niño, por quien lo hacemos todo y, en esencia, hemos dado nuestra vida, nos desobedezca a propósito o nos desilusione (al pegarle a su hermano bebé, por ejemplo) cuando le hemos pedido algo cientos de veces? ¿No nos ama?

A menudo el niño repite sus comportamientos reticentes y rebeldes porque no está sintiendo nuestro amor. Siente que no cuenta con nuestro visto bueno, que no lo comprendemos y lo culpamos cuando lo que necesita es nuestra ayuda. Las tácticas para el control del comportamiento (por lo general ejercidas con una dosis de enfado o frustración) pueden hacer que nuestro hijo se sienta incómodo, confundido e incluso temeroso, y eso se manifiesta en un comportamiento cada vez más imprevisible.

Estos comportamientos impulsivos tienden a continuar y repetirse hasta que reconocemos el mensaje profundo que nos está enviando nuestro hijo: *Sé mi líder bondadoso y ayúdame a volver a sentirme seguro.*

2. Las palabras no son suficientes. Muchas veces los padres quedan desconcertados cuando su adorable bebé de 11 meses les pega en la cara, luego sonríe y vuelve a hacerlo después de que le dijeron: "¡Ay! No, no se pega" o "¡Me haces mal!". ¿De repente el bebé se ha vuelto malvado o ha dejado de amarnos? Claro que no. Simplemente está expresando lo que no puede verbalizar, y este es un momento crucial para demostrar que comprendemos esos comportamientos y lo ayudaremos.

Para demostrárselo, le sostenemos las manos para que deje de agitarlas y al mismo tiempo le aseguramos: "No dejaré que me pegues. Eso duele". Y si nuestro pequeño está en brazos y sigue tratando de pegarnos, podríamos agregar: "Te está costando no pegar, así que voy a ponerte en el piso".

Es probable que después de haberlo puesto en el piso se largue a llorar. Dado que hemos tomado todas las precauciones necesarias para evitar que su comportamiento nos afecte, tenemos la claridad mental como para darnos cuenta de lo que sucede: *¡Ajá! Josefina no durmió bien anoche, y aunque aún no es la hora de su siesta está agotada. Ese es su mensaje, con razón no paraba de pegar.*

Una vez que hemos entendido que para la mayoría de los niños pequeños nuestras palabras no son suficientes (y lo difícil que es para ellos comprender y expresar sus necesidades), vemos lo ridículo que es el tomarnos a pecho su negación a seguir nuestras indicaciones verbales. Nos corresponde a nosotros dejar en claro nuestras expectativas confirmándolas con acciones firmes, pero cariñosas.

3. Nuestra reticencia crea culpa. A veces, cuando los padres creen que sus palabras deberían ser suficiente, o cuando muestran alguna reticencia a llevar a cabo lo dicho, intentan suplicar a su hijo que haga (o deje de hacer) lo que sea por lástima a ellos. Por ejemplo, los padres le dicen a su hija que ella "les hiere los sentimientos" cuando no limpia su cuarto de juego, o se ponen vulnerables y lloran cada vez que hay una lucha de voluntades (por lo general solo sucede cuando los padres son reticentes a hacerse cargo y sentar un límite claro).

Estas respuestas no solo son ineficaces, sino que también pueden hacer que el niño se sienta culpable y causar un sentido de responsabilidad poco saludable (y, por tanto, de desasosiego) frente a los sentimientos vulnerables de los demás.

4. Somos poco convincentes o demasiado emocionantes.

"Si un padre no cree de verdad en la validez de una regla determinada, o teme que el niño no la obedezca, lo más probable es que el niño no lo haga".

– Magda Gerber

La manera en que damos indicaciones determinará si nuestro hijo las sigue o no. Algunos padres necesitan ayuda para perfeccionar una forma de hablar segura y directa, y recordar poner un punto al final de las oraciones (en lugar de una pregunta, como "¿Sí?").

También es probable que los padres tengan que perfeccionar lo que yo denomino "el paso despreocupado" y practicarlo en lugar de arremeter sobre el bebé que está por tocar el plato del perro y gritar "¡No!", o lanzarse sobre un pequeño que se escapa corriendo cuando es hora de volver del parque (las emergencias como el correr hacia la calle son otra cosa, por supuesto). Ese instante que podamos ahorrar al correr en lugar de acercarnos con calma y seguridad puede causar varias repeticiones del comportamiento indeseable, que se ha vuelto un juego apasionante.

Las "respuestas despreocupadas" también son útiles cuando los niños lloriquean, gritan o prueban la nueva palabrota que han aprendido en el kínder. Es mucho más probable que los niños se olviden de esa palabrota y dejen de rezongar o gritar si le sacamos el poder al comportamiento no haciéndole caso (lo cual no significa no hacer caso de nuestro hijo a propósito) o dándole una indicación despreocupada e indiferente como "Demasiado fuerte" o "Es fea esa palabra. Preferiría que no la usaras".

5. Dirigimos en exceso. A nadie le gusta que le den órdenes, y menos a los niños pequeños (o a los adolescentes). Siempre que pueda, dé al niño una elección y autonomía, aun si es bebé. El niño desea ser un participante activo en la vida desde el nacimiento; inclúyalo en las decisiones y pídale que la ayude a resolver problemas. (En su artículo "Hablemos", publicado en *Regarding Baby*, Lisa Sunbury ofrece sugerencias oportunas).

Si equilibramos nuestras instrucciones con mucho tiempo de juego libre en que el niño decide, estará más dispuesto a escuchar cuando le damos indicaciones. También ayuda cuando recordamos reconocer el punto de vista de nuestro hijo; por ejemplo, "Nos estábamos divirtiendo como locos afuera, así que entiendo que no quieras ir adentro, pero debemos hacerlo".

6. Nuestro hijo tiene mejores cosas que hacer. A veces no hacer caso es bueno, ya que refleja el instinto sano y encantador de nuestro hijo de aprender como mejor lo hacen los pequeños, es decir, mediante el juego, la exploración y siguiendo su motivación interna:

Mi hija tiene 2 años y medio; cuando asistimos a actividades (grupos de juego estructurados y demás cosas para madres con sus pequeños) no me hace caso, o muy pocas veces me hace caso. Quizá hasta cierto punto sí, pero en general es una flor silvestre que anda dando vueltas, corriendo y bailando en círculos en la gran sala abierta mientras que los otros niños están sentados y callados al lado de sus mamás… ¿Debería preocuparme, o dejarla que haga su propia exploración (aquí estamos en invierno, por tanto el espacio grande y abierto es un lujo), o seguir intentando hacer que escuche al "animador" que está a cargo de la sesión?

Eleonora

Mmm… ¿Escuchar a un "animador" o dar vueltas, correr y bailar? Qué difícil.

9.

Las elecciones que no pueden hacer nuestros hijos

El respeto es fundamental en la crianza; sin embargo, la palabra puede confundirnos, en especial cuando se trata de sentar límites con los niños pequeños.

Los niños necesitan montones de oportunidades para ser autónomos y que se respeten sus elecciones. Al mismo tiempo, necesitan saber que ellos no están a cargo, y se lo demostramos mediante nuestra guía segura, decisiva y cariñosa. Puede ser complicado entender cómo lograr un equilibrio de estas necesidades aparentemente opuestas. ¿Cómo sabemos cuándo nuestros hijos deberían elegir y cuándo necesitan que lo hagamos nosotros?

Si los niños pequeños pudiesen hacernos saber cuándo les estamos dando demasiada libertad y ese poder los está poniendo incómodos, es probable que no lo hicieran... O al menos, no con palabras. Sin embargo, estos sentimientos de preocupación generalmente se manifiestan en el comportamiento de los pequeños, que se vuelven más resistentes, quejumbrosos, desatentos o encimosos; o siguen poniéndonos a prueba hasta que les damos la ayuda que necesitan, es decir, hasta que elegimos por ellos.

Puede parecer irónico —e injusto— que el dar a

nuestro hijo libertad de elección pueda hacer que ponga los límites a prueba todavía más, pero así es. Los niños de 2 años no son malos, sino que están desgarrados por las emociones. Por mucho que parezca que quieren estar a cargo, la realidad de ese poder es aterradora y puede debilitar seriamente su sentido de seguridad.

La mayoría de las elecciones que los niños pequeños no pueden hacer con facilidad tienen que ver con las transiciones. Esto tiene sentido, ya que ellos mismos se encuentran en medio de una transición gigante; están creciendo y cambiando a un paso vertiginoso. Aun las transiciones más pequeñas significan abandonar el equilibrio provisional que habían logrado alcanzar e intentar sentirse seguros en una situación nueva.

Cuando en un momento de transición se les da a los pequeños más que una breve elección, es una invitación a ponerse tercos, como en el siguiente ejemplo:

Su hijo de 2 años ha sido invitado a una fiesta y, de pronto, misteriosamente, al acercarse a la puerta de entrada de la casa del anfitrión, se frena. "¡No *quero!*", dice lloriqueando.

Usted está desconcertada, o tal vez ha empezado a esperar este tipo de comportamiento. Se dice a sí misma *"Y bien, ¿qué apuro hay? Después de todo, vinimos para que él la pase bien. No quiero que se disguste".*

Entonces espera con su hijo mientras él recorre el jardín de entrada. Usted espera y espera, y sigue esperando que su hijo le diga que está listo. Claro está que usted no quiere entrar a la casa acarreando a un niño que grita. Y esto lo debería decidir el niño, ¿no es así?

Pero como usted es humana, está perdiendo la paciencia y comenzando a enfadarse (lo cual normalmente es indicación de que necesita poner un límite). Intenta engatusarlo con descripciones apetecibles de globos, juegos, ricos pasteles, todas cosas que adora. Aun así, se niega. ¿Entonces?

Examen sorpresa

¿Debería…

a) seguir esperando, intentando persuadir y enfadándose más?

b) volver a casa?

c) hacerle saber que es hora de entrar, llevarlo adentro en brazos y afrontar su posible reacción explosiva?

d) darle la opción de entrar ahora o en tres minutos (o tal vez la elección de ir caminando o en brazos) y luego cumplir con "c"?

Como quizá hayan adivinado, yo recomiendo la opción "d". Una vez adentro, le permitiría al niño elegir si quiere quedarse en la falda todo el tiempo que desee o si quiere participar de la fiesta; esté lista para la posible repetición de "d" cuando sea hora de marcharse (qué placer…).

Cuando proyectamos calma, por lo general nuestros hijos sueltan sus sentimientos de disgusto rápidamente y se sienten libres para pasar a otra cosa, lo cual me recuerda una regla general de la crianza: el temor (o incluso una ligera reticencia) a disgustar, desilusionar o enfadar a nuestros hijos nubla nuestra visión y afecta nuestro juicio.

Los padres que conozco con más dificultad para tomar una acción decisiva —aun cuando comprenden intelectualmente cuánto sus niños la necesitan— son de carácter dulce, susceptibles y a veces se identifican demasiado con los sentimientos de sus hijos. (Ejem, ¿parece que conozco bien a este tipo de padres?)

Magda advertía: *"Los niños pequeños notan la ambivalencia, los sentimientos de culpa y las áreas de confusión de un padre en su papel de padre, y los utilizan sorprendentemente rápido. Pareciera que tuviesen un sexto sentido. Toda ambivalencia por parte de un padre produce una respuesta irritante".*

¿Queremos esto para nuestro hijo? De ninguna manera. Él se resistirá a nuestras intenciones ocultas, explotará y perderá el control con frecuencia; es *esa* la libertad que más necesita. Por tanto, nuestro trabajo es ser un guía firme, que puede mantenerse tranquilo y empático frente a las tormentas de nuestro hijo sin titubear, enfadarse, reclamar compasión o tomarse las emociones del niño como una cuestión personal.

"Es más fácil decir 'Bien, haz lo que quieras'. ¿Pero qué habremos logrado con eso?"

– Magda Gerber

En estos otros casos considero que nuestros hijos nos necesitan para que decidamos en contra de sus elecciones, con firmeza y bondad, y llevemos a cabo lo que dijimos:

1. Cuando se lastiman ellos mismos o a otros, el caso está claro. A veces podemos ofrecer a los niños la elección de golpear o patear algo que no sea peligroso, dar fuertes pisotones en el suelo o hacer alguna otra cosa, de manera de animarlos a sacarse los sentimientos de encima sin riesgos. Siempre reconozca los sentimientos, por más que parezcan demasiado histriónicos o inadecuados.

2. Cuando un niño quita juguetes una y otra vez, por lo general es indicación de que está pidiendo ayuda con los límites y necesita que se lo detenga.

3. Los asientos de seguridad son una fuente común de problemas para los padres. No creo que los niños se sientan a gusto teniendo que elegir si subirse al asiento de seguridad o no, o cuándo. Lo que *sí* pueden elegir es si subirse solos o con ayuda.

4. Elegir la ropa debería ser derecho del niño, dentro de lo razonable. Pero no concuerdo en que se les permita salir con vestimenta incómoda, reveladora o que por algún otro motivo sea inadecuada. A mi modo de ver, eso es negligencia, no respeto.

5. Dejar a nuestro hijo para ir a donde sea que tengamos que ir debe ser algo no negociable. Una vez más, siempre reconozca los sentimientos del niño, asegúrele que volverá, y luego sepárese con un convencimiento confiado. Es una tortura para un niño estar en el limbo mientras intentan que nos quedemos más rato y nosotros dudamos.

Si nuestro hijo no recibe los límites claros y coherentes que necesita en una de estas áreas, su sentido general de tranquilidad y seguridad puede verse disminuido, lo cual con frecuencia hace que ponga a prueba los límites también en otras áreas.

Lograr este equilibrio delicado entre la libertad y los límites nunca es fácil (en especial para los que buscamos complacer); no obstante, estas elecciones interminables que hacemos a diario con nuestro pequeño son un indicio seguro de nuestro amor. En el fondo de su ser el niño lo sabe… y sabe también cuánto lo necesita.

10.

El poder del "No"

Hola, Janet:

Me encuentro un poco perdida en cuanto a cómo proceder con mi hijo. Tiene 26 meses y últimamente ha empezado a decir "no" a todos mis pedidos, sin importar de qué se trate.

Mi esposo y yo nos esforzamos mucho por presentar nuestras respuestas de manera positiva y evitar el "no" lo más posible. En lugar de "No se arroja la comida", decimos "Por favor, deja la comida en el plato". Así que no sabemos de dónde viene esto, y espero que tengas algún consejo.

Un ejemplo es el de ponerse el pijama a la hora de acostarse. Ahora está llevando bastante más de media hora, ya que se niega a hacerlo. Trato lo más posible de no forzarlo y de darle toda oportunidad de hacerlo por sí mismo, pero eso no ayuda. No hace berrinches; dice directamente que "no" y luego sigue con lo suyo. Yo me encuentro sentada ahí, perdida y sin saber qué hacer.

Una vez más, agradezco tu sabiduría.
Laura

Querida Laura:

Esto me hizo sonreír. "No" es *exactamente* lo que tu niño debe decir en esta etapa de su vida. Es una palabra potente y la clave de la autonomía que está desarrollando. Está percibiendo su independencia; no dejes que te agite en lo más mínimo. De hecho, recibe su discrepancia con los brazos abiertos y reconócela; es eso lo que él quiere. Lo importante es no ceder a ella.

Entonces, cuando dice "No, no quiero ponerme el pijama", mantente tranquila. "Ah, entiendo, no quieres ponerte el pijama. ¿Qué quieres ponerte para dormir?". O quizá "¿Cuál de estos (dos) pijamas quieres ponerte?". O "Entiendo que no quieras ponerte el pijama. Es comprensible. Pero si no te lo pones en los próximos cinco minutos no tendremos tiempo de leer un libro". O "¿Quieres ponerte el pijama ahora o en cinco minutos?".

La clave es seguir alentando su autonomía y darle opciones de manera que no se sienta mandoneado. No te esfuerces por mostrar que estás a cargo; y no te sientas para nada amenazada. Lo peor que puede suceder es que duerma con la ropa puesta.

Aun así, podrías intentar esta otra posibilidad: "Quiero que estés cómodo, así que ahora te ayudaré a ponerte el pijama. ¿Puedes hacerlo solo?". Luego podrías decir: "Ahora, como no te pusiste el pijama en su momento, no tenemos tiempo de leer un libro; esperemos que mañana nos acostemos un poquito más temprano. Te quiero mucho… Buenas noches".

El decir "Por favor, deja la comida en el plato" puede funcionar a veces, pero es probable que el niño en este caso también necesite opciones. Arrojar la comida es una señal bastante clara de que no tiene hambre. No considero que sea un castigo poner a los niños este límite: "Mientras estás comiendo, quiero que la comida se quede en el plato. Si la arrojas quiere decir que has terminado. Voy a guardar la comida para más tarde cuando te dé hambre".

Recuerda que "no" es una palabra muy saludable y positiva para que tu niño experimente en esta etapa, y refleja que él tiene un apego seguro. Incluso puedes iniciar un juego en el que le ofreces una serie de opciones (juguetes, ropa, comida, lo que sea) y él tiene la oportunidad de decir a todo que "no".

Recuerdo comenzar un juego así, de manera espontánea, cuando mi hija era pequeña y estaba en la bañera: jugaba con los juguetes de plástico y usaba una taza o una botella para verter agua. Cuando vaciló por un instante antes de hacer no sé qué cosa, yo dije un "no" exagerado de tal forma que supiera que era en broma. Luego siguió repitiendo la acción y diciendo "Dime que 'no'", con una sonrisa enorme. Así lo hice, mientras fingía estar *muy* seria; y ella pudo experimentar el poderoso sentimiento de actuar en contra de mis deseos. Ese juego de inmediato se transformó en el preferido, que se repetiría en todos los baños. ¡No se cansaba nunca de él!

Espero que esto te ayude…

Saludos,

Janet

Hola, Janet:

Muchísimas gracias por los consejos. He estado intentando darle elecciones a Juan, y la diferencia ha sido enorme. Le di a elegir el pijama, o entre dos cuentos, ese tipo de cosas. Ha respondido realmente bien a las opciones.

Además, esto ha aliviado mucho mi estrés. Ayer a la mañana no quería vestirse; le di a elegir la ropa, pero aun así se negó. Entonces dije con calma que entendía que no quisiera vestirse en ese momento y que iba a preparar el desayuno, que cuando estuviera listo para vestirse me avisara, así venía a ayudarlo. De inmediato dijo que estaba listo para vestirse y desayunar. Lleva un poco de práctica, pero los dos nos estamos comunicando mejor.

Yo trato de mantenerme tranquila y ser respetuosa; sin duda, el saber exactamente qué palabras decir es muy útil… claro que dije exactamente lo que tú escribiste. Me sentí preparada, Juan se sintió escuchado, y ambos nos sentimos más felices.

Gracias, nuevamente.

Laura

11.

En contra de los temporizadores

"Los niños parece que tuvieran todo el tiempo del mundo; no así los adultos. Aun con una rutina establecida, el tiempo es un concepto abstracto, en especial para los niños pequeños, de manera que usted difícilmente pueda esperar que compartan el sentido de urgencia suyo. La solución: consiga un temporizador. ¡Cuanto más grandes los números y más fuerte el sonido, mejor!"

– Nanny Stella, *Nickelodeon Parents Connect*

Si usa un temporizador, sé lo que debe estar pensando, porque yo también me peleé con la idea. *¿Por qué desacreditar una herramienta que para nosotros funciona bien, en lugar de ofrecernos consejos constructivos? ¿Qué puede tener de malo el usar temporizadores? Nos ayudan a sentar límites y lidiar con las transiciones de manera más digna, y a nuestros hijos les encantan.*

A primera vista, los temporizadores son divertidos, eficaces e inocuos, y desde luego nunca criticaría a un padre por utilizarlos. Sin embargo, considero que pueden acabar siendo un obstáculo e interponerse entre un padre o una madre y sus metas principales.

Entonces, solo me tomaré un par de minutos (puede poner el temporizador) para decir algo sobre el tema y luego, si quiere disentir, adelante.

La necesidad de encontrar nuestro ritmo como líderes competentes. Llegar a ser los líderes seguros y empáticos que necesitan nuestros hijos requiere experiencia y mucha práctica. Sentar límites y conseguir la cooperación no son los aspectos preferidos de la crianza para nadie, y a la mayoría de nosotros tampoco nos vienen de manera natural. Entonces, es comprensible la atracción de un dispositivo que puede hacer de malo y, en una nochecita cálida de verano, decir que es hora de dejar de jugar afuera. Ahora, ¿es una decisión sensata?

En mi experiencia personal, y como educadora en crianza, he notado que cuanto más practicamos enfrentar sin rodeos la resistencia de nuestros hijos a los límites, más nos acostumbramos a afrontar, aceptar y reconocer su desagrado. Con el tiempo se hace más fácil y nosotros nos volvemos más seguros en nuestro papel de líderes bondadosos. Agregar a la mezcla un temporizador para compensar la "culpa" es un apoyo innecesario que puede inhibir nuestro progreso en esta área.

Los artilugios. Al igual que mi mentora Magda Gerber, no soy admiradora de ningún tipo de artilugios en el cuidado de los niños; esta es una de las (muchas) razones por las cuales evité aparatos del tipo de los caminadores, los saltarines o las sillas sostenedoras estilo bumbo. Tampoco uso sobornos, trucos o gráficas de buen comportamiento; ni siquiera algunas expresiones que se usan para referirse al trato con los niños, como "tiempo fuera", "usa tus palabras", "sentimientos grandes" o "porteo del bebé".

Esto puede parecer extremo. Sin embargo, quiero que todo lo que diga y haga con relación a mi hijo me recuerde las 24 horas del día, los 7 días de la semana, que él o ella no es nada menos que una persona completa. Necesito que el sendero de nuestra relación de persona a persona se mantenga despejado. Ya es lo bastante difícil mantenerse encaminado en nuestra sociedad, donde es asombrosa la falta de apoyo en el respeto a los niños más pequeños.

Un barómetro confiable para distinguir si un término o una táctica es respetuoso consiste en preguntarnos a nosotros mismos si lo usaríamos con un adulto: ¿usaría un temporizador con alguien que no fuera un niño o un huevo? (*¡RING!*) *Se acabó el tiempo de holgazanear, amor, ¡ven a ayudar con los platos!*)

Se te ha acabado el tiempo. *"Los temporizadores ayudan a darles a sus hijos sentido del tiempo y estar más conscientes del concepto del mismo. A la larga, esto no hará más que beneficiarlos, y ¡ni hablar de que ahora mismo contribuye a cortar de raíz algunas de las batallas diarias!"*

– Nanny Stella

En efecto, cierto sentido del tiempo es importante y bueno a largo plazo, pero ¿por qué tanto apuro para inculcar el concepto a una edad tan temprana? Recuerdo cómo una amiga preocupada se quejaba de que el kínder de su hijo utilizaba temporizadores para transferir a los niños de un área de aprendizaje a otra cada cinco minutos, lo cual, como era de esperar, desconcertaba a su hijo en lugar de enseñarle algo (excepto que la escuela es tremendamente estresante).

No me queda duda de que esa hubiese sido también mi reacción, aun de adulta. Me imagino oyendo el sonido del tic tac en anticipación de un timbre fuerte y me pongo ansiosa. (Quizá también explique por qué me inquietan los payasos de las cajas sorpresa). Y esa ansiedad y ese nerviosismo sin duda le quitarían el placer a cualquier cosa que estuviera haciendo o pensando. ¿Será peor tener el tiempo del temporizador o no disponer de ese tiempo?

Uno de los montones de cosas que aprecio sobre los niños pequeños es la comunión total que tienen con el hecho de que el tiempo es relativo. Ellos se pierden en el tiempo *todo el tiempo* y pueden inspirarnos a liberarnos de los relojes, ir más lento y unirnos a ellos. ¿Por qué apresurar a los niños para que aprendan el sentido del tiempo cuando la ignorancia representa tanta felicidad?

"¿Cómo se hizo tan tarde tan pronto?"

– Dr. Seuss

12.

Mantener la calma

Los niños son expertos en alterarnos, pero esta gente pequeñita no tiene la intención de ser insolente. El poner a prueba los límites (y la paciencia) es un comportamiento impulsivo típico de la etapa de desarrollo en la que se encuentran, que usan para buscar respuestas a preguntas importantes tales como:

¿Estoy protegido y cuidado?
¿Tengo guías seguros de sí mismos?
¿Están de mi lado o en contra de mí?
¿Está bien querer lo que quiero, sentir lo que siento?
¿Soy un niño malo?

Mientras exploran estas cuestiones más generales, los pequeños también nos están pidiendo que aclaremos (y volvamos a aclarar) nuestras expectativas con el fin de establecer las normas de convivencia. Por ejemplo:

¿Qué harán mis padres si… (le pego al perro, empujo a mi hermana, tiro la comida, decido poner los frenos cuando debería alistarme para salir)?
¿Es mi decisión o la de mis padres… (ir a acostarme, subirme a mi asientito en el coche, tomar la mano de mi padre en el estacionamiento)?

Si no damos a nuestros pequeños una y otra vez las respuestas que necesitan para sentirse guiados, seguros y comprendidos, por lo general necesitarán seguir preguntando mediante la resistencia y las pruebas.

Los padres no siempre podemos sacar notas brillantes en estas pruebas. Somos humanos, nos cansamos e irritamos; y eso quiere decir que al menos de vez en cuando perdemos la calma. Está bien; si nos mantenemos al menos algo congruentes, tranquilos y claros, lograremos transmitir nuestro mensaje.

Algunas sugerencias que, a lo largo de los años, nos ayudaron a mí y a los padres con quienes he trabajado a mantener la calma:

1. Tomar perspectiva. Nuestra actitud hacia el comportamiento que pone a prueba los límites lo es *todo*, y es nuestra perspectiva la que define nuestra actitud. El ponernos a prueba, pasarse de la raya, desafiarnos u oponer resistencia son indicios saludables de que nuestros pequeños están desarrollando independencia y autonomía. Si decimos "verde", ellos casi que se ven obligados a decir "azul", aun si el verde es su color preferido, ya que si quisieran lo mismo que nosotros no podrían afirmarse como individuos.

Si uno agrega a estos desafíos la falta de control de los impulsos y la turbulencia emocional general, se entiende por qué aconsejo percibir a los pequeños en este estado más como pacientes con problemas de salud mental que como niños revoltosos. Lo que los niños pequeños necesitan es nuestra ayuda, no el enfado o los castigos.

Además, cuando los pequeños están viviendo una

situación estresante, o sienten temor o alguna otra emoción fuerte, los comportamientos impulsivos se intensifican. No es sorprendente que la mayoría de los padres que se comunican conmigo por problemas de comportamiento tengan un recién nacido o estén esperando su llegada, o bien se encuentren en medio de algún otro cambio importante al cual su hijo está reaccionando.

Lamentablemente, los pequeños no son capaces de compartir sus sentimientos en estas situaciones en el momento que nos parece más oportuno. Quizá los compartan gritando "¡No!" como respuesta a una indicación, perdiendo el control porque les negamos otra galletita, o reaccionando de manera melodramática a alguna otra desilusión aparentemente insignificante. Es por eso que no debemos juzgar las reacciones exageradas sino tratar de comprenderlas y recibirlas con los brazos abiertos.

En lugar de ofendernos cuando nuestro hijo grita porque hemos puesto demasiado almíbar en los panqueques, tratemos de recordar que en realidad esto es simplemente una válvula de escape para decepciones mucho más profundas.

2. Percibir el conflicto y las emociones fuertes de manera positiva (o, al menos, con un poco menos de negatividad). Muchos de nosotros, de niños, recibimos el mensaje de que las demostraciones intensas de emociones son inaceptables y se debe temer a los conflictos. Lamentablemente, esta perspectiva hace que sea imposible mantener la calma con los niños pequeños, quienes —como expliqué más arriba— *necesitan* no estar de acuerdo con nosotros y sentirse seguros al expresar sus emociones fuertes. Cambiar este paradigma representa uno de los desafíos más grandes para nosotros como padres, y sin embargo es a la vez extremadamente liberador.

Empezamos a hacer este cambio de manera gradual al practicar el reconocer el punto de vista de nuestro hijo (para la mayoría de nosotros, lo último que queremos hacer cuando estamos en conflicto). Es necesario que esté totalmente bien que los niños quieran lo que quieren, aun cuando no se lo daremos. Por más injusta o ridícula que parezca la actitud de nuestro hijo, no obligamos, discutimos ni juzgamos.

3. Tener expectativas razonables. Tomar perspectiva nos ayuda a saber qué esperar. Así no somos tan propensos a sorprendernos u ofendernos cuando nuestro hijo, por ejemplo, se niega a seguir nuestras indicaciones más razonables y respetuosas, no deja de molestarnos cuando estamos cocinando la cena, o exige más, más y más de lo que sea. Lo que en verdad necesita es explotar.

Durante la etapa que va entre alrededor de los 12 meses y los 3 años, la expectativa más razonable es lo irracional. El esperar la locura hace mucho más fácil mantener la serenidad.

4. Ser precavido, estar preparado y ser proactivo. Los niños pequeños son exploradores curiosos por naturaleza; ponerlos en una situación en la que esa tendencia no es bien vista es una receta para la frustración mutua. Además, recuerde que los pequeños se sobreexcitan y se agotan con facilidad, y parece que pasaran de estar satisfechos a famélicos en un santiamén.

Estar preparado y ser proactivo significa saber que

existe una altísima probabilidad de que nuestro pequeño no seguirá nuestras órdenes ni estará de acuerdo con nuestros límites.

Esto no quiere decir que no debamos proceder con seguridad (es *necesario* que proyectemos seguridad). Quiere decir que no pediremos las cosas dos veces, dado que eso nos llevará directo a la irritación y el enfado; y que, siempre que la situación lo permita, daremos las indicaciones de manera que nuestro hijo tenga una elección y un poco de tiempo, así puede conservar la dignidad.

Recuerde que para reclamar su lugar nuevo y más independiente en el mundo, los niños pequeños necesitan no estar de acuerdo. En el código de los pequeños, el cumplimiento significa debilidad.

También hay una opción de respaldo: "¿Puedes hacerlo sola o necesitas que te dé una mano?". Por supuesto que no se trata tanto de lo que el niño puede hacer o no, sino de lo que está dispuesto a hacer en ese momento. Si estamos siempre preparados para ofrecerle ayuda (sin hacer preguntas), podemos mantener la calma, ser firmes y bondadosos en lugar de comportarnos de manera autoritaria y enfadarnos.

No espere que el niño reaccione de buena voluntad y no se desilusionará.

A propósito, los niños pequeños no son excepcionales a la hora de guardar sus juguetes y, por lo general, necesitan ayuda, o una canasta especial, o una consecuencia lógica como "No podemos sacar más juguetes hasta que hayamos guardado estos".

5. Comportarse como si... Un componente integral del enfoque de crianza que enseño es nuestra autenticidad como padres. Sin embargo, dado que el tratar los problemas de comportamiento de nuestros hijos sin utilizar los castigos es una meta terriblemente importante y noble que a muchos de nosotros pareciera que no nos sale de manera natural, *comportarse como si* sin duda puede ayudar.

Comportarnos como si estuviéramos calmados no significa adoptar expresiones y voces serias o forzar la risa y los juegos. Significa imaginar que hemos estado manejando estas situaciones durante tantos años que nos sentimos totalmente tranquilos y cómodos, entonces nos resulta fácil ser directos, concluyentes y, llegado el caso, hacer efectivamente lo que dijimos que haríamos.

Una vez que comenzamos a notar lo eficaces que podemos ser, desarrollamos la confianza necesaria para dejar de representar un papel.

6. Utilizar la visualización. Hay tres imágenes que han funcionado bien para mí: la del director ejecutivo (Capítulo 1), la del escudo de superhéroe (Capítulo 13) e incluso la visualización del osito de peluche (Capítulo 18). Use una de estas o busque una imagen propia que le inspire confianza en usted misma, y la ayude a sentirse tranquila y a crear la pequeña distancia emocional que necesita.

7. Practicar; se hace más fácil. Cada pequeño logro refuerza nuestra confianza como padres, hace que nos resulte más fácil expresar nuestros límites personales y afecta todas las relaciones de nuestra vida de manera positiva.

8. Reconocer qué cosas la hacen estallar, así como sus proyecciones y debilidades. Practicar la autorreflexión nos ayuda a conocer (casi tan bien como nuestro hijo) qué cosas nos hacen perder la calma; luego podemos empezar a comprenderlas. El reconocimiento es el primer paso hacia el cambio, y el cambiar viejos patrones de respuesta por el bien de nuestros hijos conlleva un efecto de curación profundo.

9. Buscar apoyo. La etapa que va entre alrededor de los 12 meses y los 3 años es intensa. Para poder mantener la calma la mayor parte del tiempo, los padres de los niños pequeños necesitan alguien con quien poder desahogarse, y algunos pueden necesitar el apoyo de un tutor, de un consejero o de un terapeuta. Deje que sus niños sean la inspiración para obtener la ayuda que usted necesita.

13.

Mi secreto para mantener la calma cuando mis hijos la perdieron

Tuve mis dudas acerca de compartir este secreto, ya que me preocupa que a los lectores les parezca tonto. Después se me ocurrió que si en verdad procuro ofrecer una caja de herramientas de crianza completa, no puedo *no* incluir una práctica que, por más insípida que parezca, ha sido imprescindible para mantener mi propia cordura mientras criaba tres niños que son más sanos y equilibrados de lo que jamás podría haber imaginado.

Soy el tipo de persona que absorbe los sentimientos de todo el mundo y se ve afectada por ellos, especialmente cuando se trata de mis hijos. Pero también sé que mantenerme tranquila y centrada incluso frente a las emociones más oscuras de mis hijos es fundamental para su bienestar. Mi velero es muy sensible a los vientos. Puedo perder la perspectiva y, en lugar de dar a mis hijos el apoyo sólido para sus sentimientos que necesitan durante un berrinche, terminar perdiendo la paciencia, desahogándome, dándole demasiadas vueltas al asunto, enfadándome o frustrándome, gritando y en general haciendo cosas que no solo no funcionan sino también crean otros problemas y empeoran todo.

Cuando perdemos la cabeza, la mayoría de lo que

decimos o hacemos no llega a nuestros hijos. Lo único que aprenden cuando estamos alterados es que tienen el poder de lastimarnos o enfurecernos, lo cual los inquieta, crea una atmósfera de inseguridad, y por lo general hace que repitan sus comportamientos difíciles hasta que (o a no ser que) recobremos algo de control.

O quizá digamos cosas como "¡Me hieres los sentimientos!". Nuestra vulnerabilidad crea culpa e inseguridad; el niño queda cargado con una cantidad excesiva de poder y desprovisto del liderazgo seguro y cariñoso que necesita con desesperación.

Pero somos humanos. Nunca nos gusta cuando nuestros hijos están molestos, y a veces perdemos la cabeza. *Más* que a veces durante la etapa que va entre alrededor de los 12 meses y los 3 años. ¿Cómo podemos controlar nuestros sentimientos y nuestras reacciones?

Agradezco las maravillosas sugerencias que me ofrecen tanto padres como blogueros y profesionales para ayudar a los padres a templar sus reacciones emocionales: opciones sanas, en lugar de gritar o dar nalgadas cuando estamos irritados. Algunas de mis preferidas son respirar, llamar a una amiga, hacer saltos de tijera y comer chocolate negro (de ser posible todo al mismo tiempo). Pero en el frenesí de un momento difícil, sé que *yo* necesito algo más inmediato, potente y proactivo.

Entonces, cuando mis niños están enfadados, tristes, frustrados o se están tensionando o desahogando, me imagino vestida con un traje de superhéroe y un escudo protector que desvía hasta los estallidos emocionales más feroces e irritantes. Eso hace que me sienta segura y capaz; me inspira a elevarme por encima de la lucha. El solo pensar en el traje de superhéroe me ayuda a salirme de mí misma y conseguir una perspectiva más clara.

Me doy cuenta de algo: *Este es un momento muy importante de la crianza. El liberar los sentimientos es muy bueno para mi hijo; la explosión calmará los aires y le levantará el ánimo. Lo mejor que puedo hacer es mantenerme presente y tranquila, ceñirme a los límites que he establecido y ser un canal seguro para sus emociones.*

Mi traje me da poderes de crianza sobrehumanos:

1. Entiendo que el comportamiento difícil es un pedido de ayuda; es lo mejor que puede hacer mi hijo en ese momento.

2. Recuerdo reconocer los sentimientos de mi hijo, así como su punto de vista. Nunca insistiré en esto lo suficiente.

3. Tengo la confianza necesaria en mí misma para establecer límites y apegarme a ellos desde un principio (antes de enfadarme o estar resentida); y hacerlo de manera tranquila, directa, sincera y sin utilizar el castigo.

4. Sé que mis palabras a menudo no son suficiente. Debo acompañarlas con una intervención que ayude a mi hijo a detener el comportamiento.

5. No me preocupa lo que piensen los demás cuando necesito alzar y sacar a mi hijo de una situación problemática, llorando y gritando en mis brazos. Mi hijo está primero.

6. Tengo la valentía de permitir que los sentimientos sigan su curso natural sin intentar tranquilizarlos, apurarlos, arreglarlos, silenciarlos o hacer que mi hijo se olvide de ellos. Puedo decir "Tienes sentimientos muy fuertes sobre eso", en lugar de gritar "¡Basta!".

7. Una vez que ha pasado la tormenta, paso a otra cosa sin el mínimo resentimiento.

8. En lugar de pasarme el resto del día sintiéndome enfadada, culpable o abatida, mantengo la frente en alto y me felicito por ser una madre formidable y heroica.

A veces, aunque es muy poco frecuente, mi perspectiva de superhéroe incluso me permite distinguir el encanto de estos momentos: soy capaz de viajar en el tiempo, ir al futuro a hipervelocidad, mirar hacia atrás y darme cuenta de que estos fueron algunos de nuestros mejores momentos juntos. Si bien el espectáculo no era agradable, la relación era estrecha. Al mirar hacia el pasado recuerdo lo difícil que fue amar a mi hija en sus peores momentos y me siento súper orgullosa de que, así y todo, lo logré.

14.

Por qué las quejas

Un niño quejumbroso, en particular el *mío*, debe ser el sonido más torturante que pueda imaginar. Preferiría quedarme encerrada en un coche con la alarma sonando; siento una intensa presión por hacer algo, arreglar lo que sea *ya*.

Se supone que la meta de las quejas es atraer nuestra atención y desconcertarnos. Si sirve de consuelo, casi todos los niños pasan por una etapa (o dos) de quejas, y esto no es indicación de un defecto fatal de nuestro hijo o de nuestra crianza.

Cómo ayudar a los pequeños a recibir lo que necesitan de una forma que sea menos molesta para nuestros oídos y nuestros nervios:

1. No deje que ese comportamiento la ponga nerviosa. Hay quienes sugieren no hacer caso de comportamientos como las quejas; pero yo creo en el mantenerse físicamente presente y disponible, y solo desconectarse de la queja.

Imagínese que tiene puesto un filtro contra el fastidio (sin duda, un invento que generaría miles de millones de dólares). Respire profundo y recuerde que el comportamiento de su hijo es completamente normal; no obstante, es algo que no queremos alentar; si le damos lo que quiere para terminar con las quejas o evitar una reacción negativa, podríamos estar haciendo precisamente lo que tratamos de eludir.

2. Sea una guía cariñosa. Tranquila, diga algo así como "Parece que estás incómodo, pero me cuesta entender. Dímelo en tu voz normal". También podría añadir con toda naturalidad "Ese sonido me hace doler los oídos".

Si las quejas continúan, regrese a lo que sea que estaba haciendo y haga otra tentativa después de un momento. O podría hacerle algunas preguntas sobre lo que el niño quiere al mismo tiempo que le recuerda contestar en su voz normal.

3. Recuerde la importancia del descanso, la alimentación y la comodidad. Cuando los niños se ponen quejumbrosos no están funcionando bien, a menudo porque están cansados, hambrientos o incómodos. Recuerde que los niños pequeños están creciendo con mucha rapidez, se cansan con facilidad y les baja súbitamente el nivel de azúcar en sangre antes de darse cuenta de que tienen hambre. Además les están saliendo los segundos molares, lo cual sin duda les causa malestar (y también interfiere con el sueño).

4. Los niños quejumbrosos pueden estar al borde de una explosión emocional. Las quejas pueden ser una señal de que hay intensos sentimientos de frustración, desilusión, tristeza o enfado que necesitan expresarse. Si aparecen estos sentimientos, recíbalos con los brazos abiertos, permita que sigan su curso natural hasta el final (en ese momento y como regla general) y es probable que las quejas cesen.

5. Dé atención positiva y exclusiva. Hasta los

bebés recién nacidos saben si tienen toda nuestra atención o no, y un día entero de atención a medias no satisface las necesidades de nuestro hijo. Tal como escribe Magda Gerber en *Your Self-Confident Baby (El bebé seguro de sí mismo)*, nuestros hijos necesitan recibir con regularidad el siguiente mensaje: "Eres importante. En este momento tú eres mi prioridad".

Magda animaba a los padres a aprovechar las comidas, el baño, el cambio de pañal y el vestirse como oportunidades de atención exclusiva. También recomendaba los buenos momentos en los que el niño "no necesita nada": tiempo en el que permitimos a nuestro hijo ser el iniciador de actividades mientras nosotros observamos, apoyamos, respondemos y participamos *según nos lo pide el niño*.

Lamentablemente, más allá de cuánta atención prestemos a nuestros hijos, igual ensayarán con las quejas cuando no los observemos o escuchemos. Pero si no reciben resultados alentadores, esto también pasará.

15.

Las mordidas, los golpes y las patadas

Nosotros somos grandes, ellos minúsculos. Recién están aprendiendo nuestras reglas y expectativas de comportamiento adecuado; tienen una necesidad de expresar su voluntad que es inherente al desarrollo, y controlan muy poco (o nada) los impulsos. Con estas dinámicas complicadas e intensas en juego, ¿por qué nos tomaríamos a pecho los golpes, las mordidas, la resistencia o la negativa de nuestros pequeños?

Nos irritamos y luego estamos enfadados, frustrados o asustados. Tal vez perdamos la perspectiva y nos pongamos al nivel de nuestro hijo, enfrentándonos cara a cara con un niñito de apenas una fracción de nuestro tamaño. Quizá sintamos la tentación de agredirlo, e incluso de pegarle o morderlo como él lo hizo primero (¡!), o de intentar recobrar el control sentando las reglas rigurosamente, avergonzando o castigando a nuestro pequeño en el nombre de *enseñarle una lección*.

O quizá vayamos en la dirección opuesta. Temerosos de confrontar la ira de nuestro hijo o la nuestra, nos echamos atrás. Cedemos ante sus demandas, vacilamos, damos vueltas o andamos de puntillas frente a ese comportamiento. Tal vez supliquemos o lloremos para que nuestro hijo nos tenga lástima.

Si bien estas respuestas pueden parecer eficaces en el momento, terminan empeorando las cosas. Nuestra intensidad (que siempre es clara para los niños, así que ni se le ocurra pensar que no la notan) puede transformar un experimento momentáneo o un acto impulsivo en un problema de comportamiento crónico. Los niños perciben cuando los guías con los que cuentan han perdido el control; eso los hace sentirse menos seguros y demasiado poderosos. Los castigos crean miedo, resentimiento y desconfianza. Por otro lado, nuestra reticencia para sentar un límite categórico también causa desasosiego, inseguridad y más pruebas. Nuestra vulnerabilidad crea culpa.

En última instancia, estas respuestas no dan resultado porque no abordan la necesidad que todos los niños están expresando mediante su mal comportamiento: *Auxilio*.

Cuando los niños pequeños se comportan mal, necesitan nuestra ayuda. Es así de simple. Pero, ¿cómo los ayudamos?

Con perspectiva y actitud. Si logramos percibir las acciones desagradables de nuestro hijo como un pedido de ayuda de un chiquillo, nuestro papel y nuestra respuesta se vuelven mucho más claros. Como adultos maduros y con experiencia que somos, esto significa elevarnos por encima de la lucha (en lugar de quedarnos enganchados en ella) y brindar ayuda.

Cuando nos recordamos repetidas veces a nosotros mismos que el comportamiento desafiante es un pedido de auxilio de un niñito perdido, empezamos a ver lo ridículo de tomarnos el comportamiento a pecho. Reconocemos lo absurdo del siguiente tipo de reacciones: "¿Cómo puedes tratarme así después de todo lo que hago por ti? ¿Por qué no escuchas?". La perspectiva nos da la paciencia, la confianza en nosotros mismos y la apariencia tranquila que necesitamos para poder ayudar.

Luego nos comunicamos y cumplimos con lo que decimos: "Te está costando no pegar, así que te sostendré las manos para ayudarte". Este es nuestro razonamiento y podrían también ser las palabras que decimos a nuestro hijo.

O tal vez digamos:

"No dejaré que pegues. Estás muy enfadado porque guardé el teléfono cuando tú querías jugar con él. Lo sé".

"No dejaré que me muerdas. Me hace doler. Voy a tener que ponerte en el suelo y traerte algo que puedas morder sin problemas".

"¿Puedes entrar solo o necesitas mi ayuda? Parece que necesitas mi ayuda, así que voy a alzarte".

Con pilares. Ayudamos a nuestro hijo y luego permitimos las explosiones emocionales como respuesta, ya que los niños también necesitan ayuda con ellas. La asistencia que necesitan es un pilar, es decir, nuestra presencia paciente y nuestra empatía mientras atraviesan este oleaje. Cuando las olas pasan, nos necesitan para que reconozcamos sus sentimientos, los perdonemos, los comprendamos y lo dejemos pasar así ellos también pueden hacerlo.

Después de todo, ¿cómo podemos guardar rencor a una persona cuyos impulsos son más grandes que ella?

Hace poco se me aclaró esta idea cuando iba

caminando por el corredor de mi casa, poco antes de las 11 de la noche, para recordar a mi hija adolescente que era hora de dormir. Me sorprendió ver a mi hijo de 10 años (que se había ido a dormir a las 9) dando trancos hacia mí. Primero pensé que debería estar yendo al baño, pero luego dijo algo que no pude descifrar: "Bsbsbssb... mirar tele".

"¿Qué?" Luego me di cuenta de que estaba sonámbulo. Hasta donde logramos recordar, este hijo ha tenido un ritual nocturno que consiste en hablar o gritar en sueños, lo cual divierte mucho a sus hermanas, que duermen en habitaciones contiguas. A menudo se sienta en la cama mientras larga una o dos frases, pero solo de vez en cuando se embarca en un paseo nocturno.

"Dame mirar tele", volvió a decir. Esta vez entendí... más o menos. Se veía perplejo e inexpresivo; "No tiene sentido", pensé. Luego fue a los tumbos hacia la escalera.

"Ahhh, no... vuelves a la cama". Se resistía mientras yo intentaba detenerlo. Forcejeamos. Es un hombrecito fuerte y musculoso, un oponente robusto aun dormido, pero al final logré llevarlo entre forcejeos de vuelta a su habitación y ponerlo en su cama, donde se tranquilizó de inmediato y dejó de hablar.

Entonces, ¿qué tiene que ver un sonámbulo de 10 años con un pequeño que se porta mal?

Los niños pequeños son muy conscientes y despiertos, pero su comportamiento *no lo es*. Tienen tanto autocontrol como mi hijo cuando está sonámbulo y, al igual que él, nos necesitan para que manejemos sus correrías con toda confianza y sin enfadarnos.

Con calma en las respuestas. Una madre con

quien hace poco tuve el placer de hablar por teléfono por una consulta me agradeció la palabra que describí con anterioridad en el Capítulo 12: *calma*. Cada vez que el comportamiento de su pequeño se le presenta como un desafío, ella piensa en la "calma". Como ha tenido otro bebé y su pequeño necesitó adaptarse a este cambio enorme en su vida, ella tuvo que imaginarse la calma bastantes veces. Sin embargo, ya no necesita hacerlo tanto, porque la calma en sus respuestas ha ayudado a su hijo a pasar esta etapa difícil con rapidez.

La calma no puede fingirse. Al igual que los buenos actores, los padres deben *creer*. Llegamos a creer cuando mantenemos una perspectiva realista y adoptamos la actitud de que nosotros somos grandes y tenemos las cosas bajo control, mientras que nuestro hijo es pequeño, y la disciplina equivale a ayuda.

La nota de otra madre me hizo sonreír:

Querida Janet:

Mi hijo de 16 meses, Joaquín, ha empezado a pegar, en especial a mí. Parecería que se portara mal por pura diversión. Lo que quiero decir es que no tiene hambre ni sueño, ni está frustrado; más bien parece que le entusiasma la expresión "¡Ay!" y quiere provocarla. Canta como un pajarito, "¡Ay! ¡Ay! ¡Ay!", mientras intenta darme un puñetazo en la cara, sonriendo y riendo todo el tiempo. Para una parte de mí, esa actitud es adorable.

Hasta ahora he intentado muchas veces decir "No dejaré que hagas eso", o "No", y sostenerle las manos con suavidad. También mantengo el rostro inexpresivo para no responder a su sonrisa, sin emocionarme ni molestarme.

Es probable que aún no haya desarrollado la empatía, pero así y todo, sigue pegándome repetidas veces y ahora se lo hace a nuestro gato de 19 años.

Además, la semana pasada me dio en el ojo; es un desafío no enfadarse cuando duele. ¿Algún consejo?

Al igual que tantos pequeños intuitivos, Joaquín se da perfecta cuenta cuando está frente a una representación de calidad inferior, tanto como un mini crítico profesional. El rostro inexpresivo no lo engaña; él oyó "¡Ay!" una vez y eso era todo lo que necesitaba. Sabe que quedan más por ahí adentro en algún lugar. Está crispando a su madre y es emocionante.

Julia tiene que *creer* que esto no es nada del otro mundo. Debe pensar *"aburridooo"* mientras impide con suavidad, aunque con firmeza, que Joaquín le pegue. Para que esto se acabe, ella debe elevarse bien por encima, dejar de verlo como un problema grave y percibir el comportamiento de su muchachito como algo para nada amenazador. En este momento ella se está involucrando un poco en el drama (y reconozco que es difícil evitarlo con un pequeño tan cautivador).

Lo bueno de una actitud serena y servicial es que permite al niño relajarse al saber que sus padres lo respaldan; sabe que sus travesuras no los aturden demasiado. Se le asegura que tiene pilares: maestros pacientes capaces de manejar con relativa tranquilidad cualquier cosa que él les lance.

Al saber que sus padres siempre lo ayudarán a manejar los comportamientos que él no puede controlar solo, el niño se siente seguro para luchar, cometer errores, crecer y aprender con confianza en sí mismo.

"Los niños pequeños ponen a prueba los límites para aprender sobre ellos mismos y sobre los demás. Al detenerlos de manera firme pero respetuosa cuando sobrepasan los

Janet Lansbury

límites, los estamos ayudando a entender su mundo y sentirse seguros".

– Irene Van der Zande, *1, 2, 3…The Toddler Years*
(1, 2 y 3… Los primeros años)

16.

Las peleas en torno a la comida

La mayoría de los padres reconoce que una dieta saludable es fundamental para el bienestar general de su pequeño y procura servir comidas nutritivas con regularidad. Sin embargo, por muchas razones, los pequeños no siempre muestran su agradecimiento por nuestra dedicación y nuestras buenas intenciones.

Es difícil no sentirse un fracaso si nuestro hijo no quiere comer. También es difícil no tomárselo como algo personal. Sin embargo, cuanto más insistamos, más se resistirá nuestro hijo.

Hola, Janet:

Te escribo para ver si nos puedes dar algunos consejos a mi esposa y a mí sobre ciertos problemas que estamos teniendo últimamente con nuestra hija de 18 meses, Teresa, y la comida.

Cuando empezamos a darle alimentos sólidos hace poco más de un año, se enganchó con fervor y comía de todo. Mi esposa trabajaba como loca y hacía toda la comida de bebé con verduras y hortalizas orgánicas. A Tere le gustaba todo. Con el tiempo incorporamos carne de pavo, huevos y otros alimentos. A Tere le seguía gustando todo.

En los últimos meses, Tere no ha estado comiendo tanto, y es tremendamente selectiva. Nos preguntamos qué sucedió con la niñita que devoraba todo durante las comidas. Hoy

para el almuerzo le hice huevos revueltos con judías y queso.
Los huevos siempre fueron uno de sus alimentos preferidos,
pero hoy probó unos pedacitos e inmediatamente los escupió.
Esperé y la seguí animando a que comiera, recordándole
cómo le gustan los huevos. Después de jugar por unos cinco
minutos se puso otro pedacito en la boca, que escupió de
inmediato, y luego pasó a arrojar toda la comida de la
bandeja al piso.

La hora de la comida se está transformando cada vez
más en este tipo de batalla, y está empezando a irritarnos a
mi esposa y a mí. La semana pasada estuvimos unos días
afuera y cada una de las comidas fue una pesadilla.
Terminamos comprando comida para llevar y comiendo en la
habitación del hotel.

Durante un tiempo pensé que el problema sería la
dentición, por eso estaba dispuesto a darle un respiro a Tere
y ofrecerle comidas distintas; ahora me preocupa que esto se
transforme en un hábito, y espero que puedas ayudarnos.

¡Gracias, Janet!
Pedro

Querido Pedro:

Amo a los pequeños. Abiertos, conscientes,
sensibles, intuitivos, nos tienen catalogados desde sus
primeras semanas de vida, cuando están en brazos, y
ahora comenzamos a descubrir lo verdaderamente
brillantes que son.

En primer lugar, como me imagino que habrán
hecho, deben ir al médico para descartar cualquier
problema de salud, en especial si Tere está perdiendo
peso o no está aumentando bien. Pero aun si tiene un
problema digestivo de algún tipo, la meta familiar es
que la hora de las comidas vuelva a ser un momento
tranquilo y cómodo para centrarse en comer y en la

compañía en lugar de ser un campo de batalla. Imagino que ha sucedido lo siguiente.

Afortunada de tener padres que la adoran, valoran la comida sana y "trabajan como locos" para darle la flor y nata desde su primera cucharada, Tere respondió maravillosamente y recompensó los esfuerzos de sus padres comiendo con deleite. A la hora de comer la familia no solo se nutría con comida deliciosa, sino que disfrutaba un logro puro para todos. Tiempos felices.

Luego sucedió algo. La suposición de ustedes es tan buena como la mía (o mejor): la dentición; un resfrío; un cambio de gustos; o sencillamente un período de crecimiento en el que Tere no tenía el apetito de siempre. Los niños pasan por etapas en las que comen menos.

El cambio en la alimentación de Tere causó un poquitín de preocupación a sus padres y la antena de la niña detectó una vibra (con el sexto sentido de un pequeño, no se necesita mucho). Percibió cierta tensión relacionada con ella y la comida.

Además, dado que el amor de los padres hace que se sienta segura, Tere está empezando a explorar algunas áreas de interés que les gustan a los niños de 2 años: las pruebas, la independencia, el poder, el control, la voluntad. Todo eso le divierte. Esta etapa de desarrollo es complicada para los padres. Lleva práctica encontrar el equilibrio de poder sano con un pequeño, pero resistirse a sus padres y mantenerse firme es exactamente lo que Tere tiene que hacer. Está bien encaminada.

El comer es un área que Tere controla y *necesita* controlar. Ella es la única que sabe cuándo tiene hambre y cuándo está satisfecha; tiene que escuchar a su barriga y confiar en sí misma. Últimamente, la hora de comer se ha vuelto demasiado "cargada" como para que pueda escuchar. No está tratando de torturarlos; simplemente tiene conciencia de su poder y hace su papel, que es resistirse a cualquier cosa que percibe como presión.

Algunas sugerencias para una tregua:

No inviertan demasiado esfuerzo ni se preparen para encontrar resistencia. Disminuyan sus expectativas para la hora de la comida con Tere. (Después de sus experiencias recientes, esto probablemente sea obvio). Este no es el momento para que tú o tu esposa le preparen platos a la niña al estilo Mario Batali: irremediablemente se sentirían desilusionados y no reconocidos. Preparen ese tipo de comidas para ustedes dos, pero para Tere hagan cosas sencillas.

Como son humanos, puede ser que sin darse cuenta estén proyectando su ansiedad (o incluso pavor) previendo un escándalo a la hora de comer. Cuando hemos estado lidiando con semanas de resistencia por parte de nuestros hijos, ya sea relacionada con el comer, el cambio de pañal, el irse a dormir o lo que fuera, no podemos evitar el proyectar agitación, y esto empeora las cosas. Dado que los pequeños perciben nuestros sentimientos, lo que funciona mejor es hacer borrón y cuenta nueva, así como proyectar seguridad y tranquilidad. Esto, además, ayuda a mi próxima recomendación, que es…

Templen las reacciones y las respuestas. Sean conscientes de lo que se dice entre líneas. Hagan que el comer sea una cuestión exclusivamente entre Tere y su barriga. No se entusiasmen cuando come bien ni se desilusionen cuando no lo hace; tampoco la engatusen ni la animen. Por el momento y en adelante, tengan cuidado de no dar a Tere la impresión de que la cantidad que come complace o incluso afecta a mamá, a papá, ni a nadie.

En cambio, anímenla a que se enfoque en sus necesidades físicas —su apetito y su sentido de satisfacción— manteniéndose neutrales. Esto requiere templar los sentimientos, y contener tanto el entusiasmo como la preocupación. Dado que los pequeños son muy, pero muy inteligentes y tienen la capacidad de leer entre líneas, no podemos siquiera recordarles a la pasada que les gustan los huevos sin que perciban nuestras intenciones ocultas. Créanlo.

En mis clases he tenido padres con pequeños por debajo del peso apropiado; a una de las madres incluso le dijeron que su hijo tenía un *retraso del crecimiento*. Imagínate lo exigente que fue para ella mantenerse neutral al presentar la comida y no preocuparse. Otra madre se dio cuenta de que lo que funcionaba mejor era irse a otra habitación y dejar que su pequeña comiera sola con su hermana mayor, siempre que fuera posible, hasta que aumentara de peso lo suficiente como para que la mamá pudiese dejar de proyectar tensión. No sugiero esto para que alguien lo haga, sino solo para ilustrar el poderoso efecto que podemos tener.

Den elecciones y porciones pequeñas. Presenten menos de lo que creen que Tere comerá; cantidades muy pequeñas de 3 o 4 tipos de comida. Dejen el resto a mano. Permitan que la niña coma cuanto desee y que sea ella la que pide más. Lo que elige y cuánto traga deben estar bajo el control de ella.

Háganle saber que cuando indica que ha terminado —va más despacio, empieza a jugar con la comida o (ejem) la arroja al piso—, se termina la hora de la comida, y no tendrá otra oportunidad de comer hasta la hora de la próxima comida o bocadillo. No es un castigo; es darle la autonomía, las elecciones, los límites y las consecuencias que necesita.

Intenten no enfadarse o irritarse cuando se porte mal con la comida. Mantengan la calma y digan algo así como "Mmm. Escupes la comida; debes estar diciéndome que has acabado". Luego continúen con convicción: retiren la comida y despacito ayúdenla a bajarse de la silla, siempre diciéndole a Tere lo que están haciendo.

Cambiar una sillita alta por una mesa y una silla o un banquito del tamaño de un niño pequeño funciona de maravillas para eliminar las batallas en torno a la comida. (Para más detalles y un video demostrativo, consulten *Babies With Table Manners* [*Bebés con buenos modales en la mesa*] en mi sitio web).

Dejen de preocuparse y confíen. Como diría Marianne Williamson: "confiar" y "dejar de preocuparse" también son temas recurrentes para los padres, y siempre es difícil darse cuenta de cómo hacerlo y cuándo. A veces los pequeños pierden el apetito cuando se sienten presionados con el tema de la comida, pero no hacen huelgas de hambre. Proyecten seguridad, no se preocupen incluso si Tere se saltea algunas comidas, y pronto volverá a la normalidad y a poner a prueba otras cosas.

¡Buen provecho!

17.

Las respuestas insolentes y mandonas

Hola, Janet:

Estoy pasando por una etapa difícil con mi hija, Magdalena, de casi 2 años y medio. He practicado RIE desde antes de que ella naciera, mientras trabajaba en el área del cuidado de bebés, por tanto tu enfoque es lo que estoy acostumbrada a hacer con los niños. Hasta ahora ha sido criada en un hogar muy tranquilo, paciente, alentador y respetuoso.

Magdalena siempre ha sido una niña despreocupada, muy empática, alegre, independiente… maravillosa en todos los aspectos. Últimamente ha comenzado a contestar con insolencia y, por lo visto, ¡la provocación funciona! Cuando mi esposo o yo tratamos de decirle algo, discute con nosotros al punto que ya no sé qué hacer para no terminar en una pelea o lucha de voluntades. Por ejemplo:

El abuelo estaba en el baño y ella al lado de la puerta cerrada, llamándolo a los gritos. Le dije "Magda, tu abuelo está en el baño y necesita privacidad. Haz el favor de dejar de gritarle, saldrá enseguida". "¡No! ¡No necesita privacidad!"

Me golpeó con un juguete (medio por accidente, creo…) y le dije "¡Ay! Me duele. No me gusta". A esto contestó (bastante indignada) "¡Sí que te gusta!". Esto sucede con regularidad cuando le expreso mis sentimientos: ella responde lo opuesto, con muy mala disposición.

Sé que es una etapa de independencia y que está aprendiendo cómo ser ella misma. Entiendo que es un momento muy contradictorio y confuso para ella, ya que quiere ser independiente pero aún nos necesita a nosotros. Siempre le hemos dado mucho espacio, tiempo y elecciones, así que esto es nuevo para nosotros. La verdad, no sé qué hacer.

Lorena

Hola, Lorena:

Has dado en el clavo: *"Ha comenzado a contestar con insolencia y, por lo visto, ¡la provocación funciona!"*. Magdalena sigue provocándolos porque funciona: las contestaciones los sacan de las casillas. La solución podría ser muy simple: desactiva el mecanismo y el comportamiento perderá su poder.

Sé que esto quizá no sea tan fácil como suena, y tal vez ni siquiera te parezca correcto. Sí, el comportamiento es irrespetuoso, y si cualquier otra persona que no fuese tu hija de 2 años y medio te tratara de esa manera, te ofenderías y con razón. Y, por supuesto, el hecho de que esta es en efecto tu niñita empática, maravillosa en todos los aspectos, a quien has adorado y respetado, lo hace un millón de veces peor. Es sorprendente y alarmante. ¿Cómo se atreve? ¿Qué le está sucediendo a nuestra amada niña? ¿De dónde viene este comportamiento ofensivo y cómo terminamos con él?

Si fueses una madre menos empática y conocedora tal vez le dieras una nalgada o la pusieras en tiempo fuera; pero como eres una persona respetuosa y preparada, te aconsejo algo mucho más eficaz: **modifica tu perspectiva.**

Sin duda, habrá algo positivo, así que enfócate en eso. Ten en cuenta lo siguiente:

1. Como bien sabes, los niños pequeños necesitan

poner a prueba su poder, expresar su individualidad y probar las cosas. Magda va bien encaminada.

2. Los pequeños comúnmente expresan su independencia en flor mediante el desacuerdo con nosotros, sin importar de qué se trate. Magda Gerber solía contar la historia de un pequeño que gritaba "no" antes de aceptar con entusiasmo un helado de cucurucho de uno de sus padres.

La resistencia es casi una respuesta automática; entonces, cuando decimos "sí", los pequeños tienen una compulsión irresistible de decir "no" (y vice versa), más allá de si es lo que piensan o no. No es nada personal.

3. ¡Magda habla!

4. La niña tiene opiniones firmes y la actitud para acompañarlas; algunas de ellas serán chifladas e inadecuadas. Pero el hecho de que se exprese de ese modo significa que es una niña resoluta y segura de sí misma.

5. No suelo comparar a los chiquillos con los animales; sin embargo, cuando pienso en los pequeños que experimentan con su poder, veo gorilas golpeándose el pecho. ¡Qué alegría! Es un momento intenso.

6. Ella está poniendo a prueba estos comportamientos en casa, donde se siente segura, amada y en general aceptada, lo cual significa que la has criado bien.

7. Ella es diminuta y tiene 2 años y medio. Me imagino que tú y tu esposo son bastante más altos y tienen al menos... ¿20 años? Es decir, no te tomes los gritos y las contestaciones insolentes a modo personal o te sientas en lo más mínimo amenazada por tu niñita bravucona. Ve esto como lo que es, la niña poniéndote a prueba, y muestra que estás a la altura de la situación.

Algunas sugerencias para una "Toma 2" del ejemplo que me diste del abuelo en el baño:

Parece que empezaste a alterarte cuando Magda le metía prisa al pobre abuelo para que saliera del baño, pero intentaste mantener la calma. ¿Qué tono crees que usaste? ¿Te mostraste tranquila e inmutable?

Retrocede un paso. ¿No hay cierta dulzura en que esta pequeñita autoritaria quiera tanto a su abuelo y piense que tal vez sea lo bastante poderosa como para expulsarlo del baño? Si fuera mi nieta yo me sentiría halagada. Entonces, si fuese tú, diría a la pasada "¡Alguien quiere a su abuelo de veras! Magda, creo que el abuelo te debe haber oído... y quizá necesite uno o dos minutos más". Lo dejaría ahí.

Además, ¿el abuelo no puede arreglárselas solo?

Cuando Magda te golpeó con el juguete (y esto tal vez no habría ocurrido si ella no hubiese sentido que estabas molesta por lo del abuelo), tu respuesta te hizo objetivo de todavía más provocación. Hubiese sido ideal detenerla antes de que te golpeara. "¡Ay!" está bien y "Me duele" también si no estás demasiado sensible. Pero quizá te hayas tomado el comportamiento de modo demasiado personal al agregar "No me gusta".

Aunque no lo creas, esas pocas palabras de más pueden haber bastado para indicar a Magda que el pequeño incidente tuvo el poder de molestarte, cuando lo que ella necesitaba era el consuelo de que tú estabas a cargo y llena de confianza. Entonces continuó su torrente de provocación con la respuesta agresiva "*¡Sí que te gusta!*".

Cuando los niños hacen esto es como si dijeran "¿Puedes manejar esto? ¿Puedes manejarme a mí? Por favor demuéstrame que puedes manejarme con facilidad".

Otras respuestas desenfadadas —aunque no sarcásticas— que desactivan la actitud mandona y las contestaciones insolentes:

"Bien, parece que en eso no estamos de acuerdo".

"Mmm… Gracias por tu opinión".

"Parece que es muy importante para ti (que el abuelo salga del baño y demás)."

Y cuando dudes, siempre puedes decir "¡Interesante!".

Entonces, da un paso atrás, reacciona, preocúpate menos y ¡disfruta el brío de tu hija!

18.

Deje de sentirse amenazada

Cuando los padres me consultan sobre los comportamientos de sus hijos que les causan más dificultades, a veces les ofrezco una imagen ilustrativa con la esperanza de poner en perspectiva situaciones que normalmente son volátiles. Me he resistido a compartir esto en mi sitio web por temor a que se pueda malinterpretar; sin embargo, dado que tantos de los padres que me consultan siguen teniendo dificultad para mantenerse centrados y tranquilos cuando sus hijos se pasan de los límites o los provocan, he decidido arriesgarme y compartir mi término descriptivo: *el comportamiento de osito de peluche.*

Lo sé: los ositos de peluche son objetos, mientras que los bebés sin duda no lo son. Ya me explayaré después de ampliar el contexto.

Nuestros hijos nacen dotados de sentidos y conciencia, tan presentes como usted y yo, y por tanto nuestra labor principal es forjar relaciones interpersonales con ellos; relaciones sinceras, cariñosas, respetuosas e incondicionalmente amorosas.

No obstante, todos los niños demuestran comportamientos impulsivos e irracionales, en especial cuando están pasando por períodos de desarrollo en los que necesitan resistirse a nosotros con el fin de probar sus alas (como la etapa que va entre alrededor de los 12 meses y los 3 años, y la adolescencia). ¿Cómo se supone que respetemos a esta pequeña persona cuando es tan irrespetuosa, hiriente y directamente grosera?

Habrá quien concluya que los niños pequeños no son más que bestias desconsideradas (y eso explicaría el tipo de consejos para "domesticar a su pequeño", que incluye las distracciones, los trucos, las sorpresas y demás intervenciones manipuladoras). Es fácil tomárselo como algo personal y ofenderse o temer que de alguna manera le hemos fallado a nuestro hijo, que no le enseñamos el respeto o el comportamiento correcto.

Es probable que, provocados por el enfado, la frustración, el temor o la culpa, respondamos de un modo que lamentablemente cree todavía más comportamiento desafiante. En verdad, cuando los niños nos ponen a prueba repetidas veces, por lo general es *resultado directo* de nuestras reacciones previas. Por eso es tan importante mantenerse tranquilo y centrado.

El modo más sencillo y seguro de tranquilizarnos es tomar perspectiva. Esto quizá se logre recordándonos a nosotros mismos que el pequeño que grita y se cuelga de nosotros es una personita que ha pasado solo 2 años y medio en este planeta. Necesita que toleremos sus gritos y no dejemos que pegue, pero una respuesta enfadada o confundida sería desestabilizadora, por lo menos.

Entonces, yo sugiero que los padres que sufren las adversidades del comportamiento de un niño lo consideren en el contexto de algo adorable y benigno, como un osito de peluche.

El comportamiento de osito de peluche abarca, cada tanto, pegar, patear, morder, gritar, gimotear, negarse a hacer caso, la resistencia, el rechazo, el "te odio" (en todas sus formas), como también a los adolescentes gruñones que nos investigan con microscopio y critican todo lo que decimos, hacemos y nos ponemos. Ese comportamiento es adecuado a la edad y sin duda puede ser irritante, pero en esencia es inofensivo. Si podemos percibir el comportamiento de osito de peluche como lo que es y responder de manera adecuada, será algo temporal y no se convertirá en algo crónico, peligroso o perjudicial.

El comportamiento de osito de peluche es provocado por:

- La necesidad de la confianza que da nuestra guía cariñosa.
- El estrés, el hambre o el agotamiento.
- El miedo, la tristeza, el enfado o la frustración; los niños necesitan que los ayudemos a expresar todos estos sentimientos.
- El sentir que han caído en desgracia, que no se les presta atención y no son amados.
- Las emociones que acompañan a las transiciones: la llegada de un hermanito, el mudarse de casa, el ir a la escuela por primera vez, el cambiar de escuela u otro cambio de cualquier tipo.
- Las etapas y los hitos del desarrollo.
- La etapa alrededor de los 2 años y la adolescencia son el territorio típico del

comportamiento de osito, aunque los 4 años, los 6 años y la adolescencia temprana (de los 9 en adelante) también pueden ser períodos de osito.

Se alivia el comportamiento de osito de peluche cuando hacemos lo siguiente:

- No nos sentimos amenazados, respiramos, proyectamos seguridad en nosotros mismos y dejamos que nos resbale.
- Lo prevenimos siempre que sea posible (dando a los niños lugares "sí" para explorar, por ejemplo, en lugar de que tengan acceso libre a los marcadores y los sofás blancos).
- Sentamos los límites con tranquilidad y claridad desde el principio.
- Reconocemos todos los deseos y sentimientos, y animamos a los niños a expresarlos ("Tienes ganas de arrojar los camiones. No puedo permitírtelo, pues es peligroso. ¿Estás molesto porque papá se tiene que ir a trabajar? A veces lo extrañas cuando se va. Allí hay algunos juguetes que puedes lanzar sin peligro").
- Detectamos las necesidades y hacemos todo lo posible por satisfacerlas.

Percibir el comportamiento de osito jamás significa *tratar* al niño como a un osito, deshumanizándolo, no prestándole atención o hablándole con palabras condescendientes y voz empalagosa. Los niños son personas completas que siempre se merecen nuestro respeto y autenticidad.

No obstante, una vez que el comportamiento de osito se haya aplacado, quizá quieran un abrazo, tengan la edad que tengan.

19.

No se resista a los sentimientos

Uno de los giros de la crianza más irónicos y contradictorios es el siguiente: cuanto mejor recibamos el desagrado de nuestro hijo, más felices estarán todos en la casa.

No hay mejor regalo para nuestro hijo y para nosotros que la aceptación total de sus sentimientos negativos (nótese que no dije "comportamientos"). Al eliminar de la descripción de nuestro trabajo como padres las responsabilidades de "tranquilizar", "corregir" y "controlar" los sentimientos de nuestro hijo, y reemplazarlas por "aceptar", "reconocer" y "apoyar", tanto padres como hijos se ven recompensados y liberados.

El abandonar nuestra tendencia reactiva y permitir con paciencia que nuestro hijo sienta puede ser un desafío intenso. Sin embargo, se vuelve más fácil con la práctica y es la clave para:

- sentar los límites de manera satisfactoria;
- tener menos batallas y más paz;
- lograr la salud y la sanación emocional de nuestro hijo;
- afianzar la confianza mutua;
- mantener un vínculo estrecho;
- criar un niño resistente, seguro y auténtico.

Juliana me permitió compartir su "victoria" personal:

¡Hola, Janet!

Quería agradecerte por existir. Encontré tu blog hace un par de meses. Dado que todas las preguntas difíciles sobre la crianza me tocan de cerca, tus consejos y notas fueron un tesoro.

Mi hijo tiene 7, mi hija 2. Tengo grandes problemas con mi hijo. Yo a menudo recurría a la culpa para obtener algo de él, y ahora se nota. Era fácil intimidar a un pequeñito, pero no funciona con uno de 7 años. Probé muchas formas y estilos distintos, pero nada parecía ser lo justo... Hasta que di con tu blog y ¡por fin encontré lo que necesitaba!

Mi libro preferido siempre fue "Los niños vienen del cielo", de John Gray. Me encantó todo sobre el libro, con excepción del tiempo fuera. Había algo que me parecía incorrecto, pero no sabía qué hacer en su lugar. Es cobarde lidiar con los berrinches de un niño de esta manera: sencillamente ponerlos en su habitación y cerrar la puerta... Pero nunca se me pasó por la cabeza el nada más estar ahí cerca de él, sentada con él durante la tormenta. Mi hijo explotaba por cualquier razón por más pequeña que fuese, me acusaba de todo y me lanzaba palabras duras. Yo me irritaba y enganchaba de inmediato, y allí estábamos, el uno contra el otro, gritando y acusando... El tiempo fuera me parecía una opción mucho mejor.

Ahora estoy probando todo lo que tú escribes, ¡y hoy fue la primera gran victoria! No sobre mi hijo sino sobre mí misma.

Hoy estuve tranquila y fui capaz de mantenerme así durante todo el berrinche: solo escuchaba sus palabras duras y le repetía una y otra vez que estaba cansado y enfadado porque yo no lo dejaba mirar los dibujitos. Le aseguré que estaba bien sentirse enfadado. *Cuando intentó arrojar cosas o pegar, lo sostuve y le dije que no lo dejaría hacerlo.*

Era interminable... Pero me mantuve tranquila, no respondí a sus acusaciones y me quedé con él.

Lo interesante fue que mi hija por lo general odia cuando nos peleamos, pero esta vez estaba tranquila ¡y jugaba cerca de nosotros como si nada pasara! Justo cuando pensé que no estaba funcionando, mi hijo me abrazó y me dijo "Perdona, mamá, ya no quiero pelear más. ¡Por favor perdóname!".

Gané esa batalla contra mí misma, y ahora será más fácil. Sé que funciona y sé qué hacer. No fue fácil, pero valió la pena.

¡Muchísimas gracias, Janet! Mi hijo no es un niño pequeño, pero espero poder superar el daño que causé en el pasado... Somos afortunados de tener gente como tú. ¡Gracias por estar allí!

Con cariño,
Juliana

20.

El poder sanador
de los berrinches

La locura empezó a la hora de la merienda que ofrecemos en nuestras clases de crianza RIE una vez que los bebés ya se desplazan por su cuenta y pueden sentarse sin ayuda. La participación en la merienda siempre queda a elección de los niños, que aprenden con rapidez y disfrutan la rutina.

Deben sentarse a la mesa de la merienda en el piso, o en banquitos cuando ya caminan y pueden usar una mesa un poquito más alta. Les pedimos que se limpien las manos, elijan un babero, coman lo mucho o lo poco que quieran de la merienda (bananas) y se queden sentados hasta que *ellos* decidan que han terminado.

Evitamos —con cariño pero sin titubeos— que se levanten de la mesa con comida (vea el video demostrativo en YouTube titulado: *Babies With Table Manners [Bebés con buenos modales en la mesa]*).

Los niños de esta clase tenían entre 12 y 13 meses; habíamos empezado con lo de la merienda hacía unas 6 semanas y estaba resultando bastante satisfactorio. Ese día habría algo en el aire, porque todos los pequeños me estaban poniendo a prueba a más no poder: se sentaban y luego se volvían a parar, se trepaban sobre la mesa; era un motín. Las puestas a prueba de Lola eran especialmente enérgicas y persistentes, lo cual me sorprendió, ya que era atípico en ella. Siempre había sido una bebé notablemente tranquila, apacible y encantadora.

Una y otra vez Lola se trepaba a la mesa y había que ayudarla a bajarse. Ofrecerle la opción de bajarse sola enseguida se volvió inútil, pues era evidente que estaba fuera de sí misma, poseída por alguna intención oculta.

"Quieres treparte a la mesa, pero no puedo permitírtelo. Te ayudaré a bajar", repetí... varias veces.

Finalmente, la mamá de Lola me preguntó si debía venir a ayudarme, porque me resultaba imposible asistir a los otros niños mientras Lola seguía subiéndose a la mesa.

Noté que la mamá de Lola estaba perpleja y preocupada. "Mmm... a lo mejor está confundida porque en casa se sienta en un banquito al lado de la hermana", sugirió.

De repente me entró la duda y consideré esa posibilidad por un momento: ¿podría estar confundiendo la mesa con un banquito? No parecía posible; Lola era demasiado lista.

Cuando la mamá de Lola quedó a cargo e impedía que se subiera a la mesa, Lola empezó a disgustarse cada vez más y a gritar, llorar y perder el control por completo. Me di cuenta de cómo eso puso nerviosa a la mamá. Le pregunté "¿Alguna vez se ha comportado así?". Contestó que no, preocupada. Me pareció que ella pensaba que Lola quería de veras algo de comer y quizá deseaba que cambiara las reglas de nuestra rutina para que funcionaran para la niña. Sin duda, la idea se me había cruzado por la cabeza; estaba dudando seriamente de mí misma.

Janet Lansbury

Después de algo así como cinco minutos de forcejeos y lloros intensos, Lola por fin se tranquilizó, se sentó con su mamá un ratito y luego comenzó a jugar de nuevo, sin haber comido ni un mordisco de banana.

Si bien Lola parecía estar bien, yo estaba incómoda porque sabía que el episodio había angustiado a la mamá. Unos minutos después se dio cuenta: "En las últimas cinco semanas se han estado quedando unos familiares en casa... Ha sido divertido, aunque ha alterado nuestras rutinas y nos ha estresado. Tal vez...".

¡Ajá! Entonces, quizá, la dulce y cariñosa Lola tenía sentimientos abrumadores atrapados dentro que necesitaba liberar, y el ambiente terapéutico de RIE, donde "todos los sentimientos son bienvenidos", sumado al hecho de que nosotros mantuvimos el límite con paciencia y persistencia, fue lo que le permitió hacerlo.

Los niños pequeños son genios de la autosanación, ¿lo ha notado? A veces sus berrinches expresan una molestia inmediata, como la fatiga o el hambre. Otras, en cambio, los niños tienen una acumulación de sentimientos internalizados y parecerá que ponen a prueba los límites a propósito y (aparentemente) en forma irracional para que nos mantengamos firmes y resistamos, lo cual luego abre la válvula de escape que necesitan para liberar estas emociones. No obstante, este proceso solo funciona para ellos cuando somos capaces de sentar límites, mantenerlos y aceptar sus sentimientos con valentía.

Las experiencias como la de Lola para mí reiteran de manera profunda que debemos confiar en la capacidad de autosanación de nuestros hijos y saber que cada uno de sus sentimientos es absolutamente perfecto.

En la clase de la semana siguiente, Lola hizo otra cosa que nunca antes había hecho: en cuanto entró a la sala gateó directo hacia mí y puso la cabeza en mi falda. Después de nuestra debacle la semana anterior, parecía que me estuviese diciendo "gracias" o "perdón", pero realmente creo que fue "gracias".

21.

La nueva adición a la familia y el desánimo de su hijo

Acababa de aterrizar en el aeropuerto de Los Ángeles y estaba esperando al lado de la cinta para recoger el equipaje cuando oí un diálogo enfadado. Me di vuelta hacia la cinta contigua y vi una niña de unos 3 o 4 años muy bien vestida, con un conjuntito colorido de viaje: *leggings* con diseño de colores vívidos, una camiseta a la moda, y anteojos de sol de estrella de cine de color rosa, de plástico. Parecía buscar algo en su mochila a lunares mientras su padre la miraba con furia y echaba humo: "Sé *amable*. ¡Sé amable con tu hermana!".

A unos metros se hallaba su madre, que también la miraba furiosa mientras sostenía en brazos a la hermana bebé, de unos 12 meses. La niña mantuvo la compostura pero evitaba la mirada de los padres. Parecía sola y vulnerable, una "niña problemática" que había sido aislada de su familia.

Si este vistazo era una escena típica en la dinámica familiar, es difícil imaginar que esta niñita jamás pueda sentir otra cosa que no sea resentimiento por su hermana bebé.

No hay nada que sacuda más el mundo de un pequeño que el nacimiento, o la llegada inminente, de un hermano: el miembro más joven, más vulnerable y sensible de la familia siempre registra profundamente los cambios que provoca el evento en la dinámica del hogar, sin importar cuán conscientes, sensibles y cariñosos sean los padres. Pueden producirse todo tipo de cambios de comportamiento, entre ellos una regresión en el desarrollo, altibajos emocionales e intensas puestas a prueba.

Cuando algún padre me consulta acerca de un problema de comportamiento extremo o repentino de un pequeño, hago muchas preguntas y juego al detective con el fin de llegar a conocer lo más posible al pequeño en cuestión y la dinámica familiar. A menudo, en algún momento debo preguntar (con la sospecha de que ya sé la respuesta), "¿Ha habido algún cambio importante en las últimas semanas o meses?".

Muchas veces la respuesta es "Pues, tenemos un recién nacido…" o "Estoy en el tercer trimestre del embarazo…".

Algunos puntos clave para tener en cuenta durante esta difícil adaptación:

1. Tenga expectativas razonables. Por más que el niño mayor haya ansiado tener un hermanito o una hermanita, siente la realidad de este cambio en la atención y el afecto de los padres como una pérdida. A menudo el niño siente pena, tristeza y a veces enfado o culpa, pero más que nada tiene miedo de perder el amor de sus padres.

Agobiado por esta mezcla tumultuosa de emociones, casi imposible de entender para un niño (y mucho más de articular con claridad), expresa su dolor mediante comportamientos irritantes que a veces son agresivos. Los altibajos emocionales pueden ser extremos.

Los padres pueden espantarse al descubrir un lado desagradable de su hijo que no sabían existía, en especial si esperaban que fuera un hermano mayor cariñoso, lleno de adoración y servicial durante este período de adaptación. Estos comportamientos están destinados a provocar a los padres; sin embargo, dado que el niño está pasando por una crisis emocional, ahora más que nunca necesita sentir la seguridad del amor y la empatía de sus padres.

2. Anime al niño a expresar los sentimientos. Existen dos maneras importantes de ayudar a los hijos a expresar sus sentimientos de manera sana:

a) Cuando los niños se portan mal con el bebé — dándole besos o acariciándolo demasiado fuerte, o saltando en la cama al lado de él—, una vez que se marca el límite con tranquilidad y confianza ("No puedo dejar que le..."), el padre o la madre puede preguntar sin indicar ninguna emoción "¿Sientes enojo con el bebé? ¿Estás molesta de que el bebé esté aquí? Es común que las hermanas mayores se sientan así, pero voy a ayudarte a bajar de la cama. Me encantaría que te sentaras en mi falda o saltaras en el piso a mi lado".

b) Sacar el tema de los sentimientos negativos lo más seguido posible, sin darle demasiada importancia: "Es muy difícil a veces ser la hermana mayor. Es normal enfadarse con el bebé, con mamá o con papá, sentirse triste, preocuparse o simplemente estar molesta y no saber por qué. Si sientes algunas de estas cosas, lo quiero saber. *Siempre* te comprenderé, te amaré y querré ayudarte".

Podrá parecer contradictorio sugerir estos sentimientos a su hija (¿no la *animará* a tener sentimientos negativos hacia el bebé?). La verdad es que cuanto más pueda aceptar y reconocer abiertamente, e incluso recibir los pensamientos y las emociones negativas de su hija con los brazos abiertos, más espacio abrirá para que ella forme un vínculo auténtico y cariñoso con su hermana.

3. ¿Pero por qué mencionar las cosas negativas si mi hija aparenta estar bien? Es verdad que algunos niños parecen adaptarse con tranquilidad a la vida con un recién nacido. ¿Por qué proyectarles problemas que no existen?

En mi opinión, los niños que aparentan ser más tolerantes de este cambio de vida inmenso necesitan aún más apoyo para expresar los sentimientos negativos que aquellos que abiertamente exteriorizan sus dificultades.

Por muy positivo que sea el cambio, también hay elementos de temor y pérdida. *Es así para todos nosotros.* Si no se abordan y expresan estos sentimientos, los mismos se internalizan; puede que tenga un niño que se comporta bien, pero hay grandes probabilidades de que esté sufriendo por dentro.

4. Evite comentarios que provoquen culpa. Cuando los padres están esperando el segundo hijo, los amigos y parientes a menudo le comentan a la primogénita "Ahh, ¡no verás *la hora* de ser la hermana mayor!". Pero, para ese entonces, ha empezado a darse cuenta de que ser "la hermana mayor" no es tan maravilloso como lo pintan. Ha percibido que ha dejado de ser el foco de atención. Siente que su futuro es incierto y solo empeorará. Necesita a alguien que entienda su dolor y pueda asegurarle que sus sentimientos encontrados (en especial los negativos) son perfectamente válidos; de lo contrario es probable que los empuje hacia adentro.

5. No juzgue. Aquí también se trata de adaptar nuestras expectativas y entender que los comportamientos provocadores son la manifestación del dolor y la confusión de nuestro hijo.

Cuando etiquetamos un comportamiento de "antipático", "mezquino" o "malo", el niño se toma estas opiniones a pecho: no es el comportamiento el que es malo: *él* es malo. Cuando las personas en las que confía y a quienes necesita más en el mundo le dicen que es "antipático", él se lo cree, y este rechazo es profundo.

6. Disminuya la tensión no preocupándose por pequeñeces. El segundo hijo nace en un ambiente muy distinto del mayor. Es emocionante tener un hermano mayor; así que, en la mayor medida posible, déjelos tranquilos. Deje que el ambiente sea más ruidoso y más caótico, y que haya más interrupciones al juego del bebé. Deje que la hermana más grande le saque juguetes al bebé cuando están "jugando juntos" siempre y cuando no se puedan lastimar. Comprenda que este impulso es intenso y simbólico de la rivalidad que siente el mayor.

A la mayoría de los bebés no les importa que les saquen los juguetes a no ser que les importe a sus padres. De hecho, es así como juegan con otros niños. Cuanto menos atención preste a estos comportamientos inofensivos, menos irresistible será para el mayor repetirlos.

7. Comprenda la necesidad de confianza y

autonomía de su hijo. Siempre que pueda, pídale ayuda a su hijo, en especial en el cuidado del bebé. Cuando las emociones del niño se hallan fuera de control, las oportunidades de sentirse autónomo tienen un efecto tranquilizante. Pero no se desilusione si su hijo rechaza esa oportunidad, ya que decir "no" es otra forma de sentirse autónomo.

8. Dedique tiempo individual. Dedicar tiempo a solas a los hijos es una necesidad: tanto para el bebé como para el niño mayor, lo importante es la calidad, no la cantidad.

Reserve al menos 20 minutos al día en los que esté completamente presente y enfocado en su hijo mayor (quizá deba, por ejemplo, intentar acostar al bebé más temprano). Luego, cuando necesite prestar atención al bebé y a su otro hijo este le resulte un momento difícil, reconozca con tranquilidad "Veo lo incómodo que es para ti cuando alimento al bebé. Es muy difícil para ti, lo sé. Espero ansiosa nuestro tiempo juntos esta noche cuando el bebé se haya ido a dormir. Piensa qué te gustaría hacer juntos".

9. Promueva el juego independiente de su bebé. Un bebé que puede entretenerse por su cuenta es una bendición todavía mayor con el segundo hijo, dado que su juego independiente crea oportunidades para que los padres estén disponibles para el mayor sin el bebé siempre en el medio.

Ofrezca un espacio de juego seguro y cercado (una cuna o un corralito sirven durante los primeros meses), de manera que el bebé no necesite supervisión constante. Es probable que su hijo mayor necesite este límite, puesto que el impulso de poner a los padres a prueba molestando al bebé puede ser fuerte.

10. Respete la necesidad constante de su hijo de que se le pongan límites, así como la de tener padres tranquilos y atentos que estén de su lado. Aunque el agotamiento extremo o la culpa pueda llevarnos a aflojar los límites durante este período de transición y confusión emocional, nuestro hijo necesita más que nunca el amor y la seguridad que brindan los límites.

Necesita que le demos recordatorios ("No quiero que toques al bebé cuando estás irritable") o elecciones ("Puedes quedarte a mi lado calladito mientras acuesto al bebé o jugar en la otra habitación") como al pasar. A veces necesitará que completemos el proceso y lo contengamos físicamente o lo quitemos de algunas situaciones de forma cariñosa, pero firme.

Lo verdaderamente crucial es que el niño necesita que intervengamos mucho antes de perder la paciencia o pensar que es "malo", y que lo hagamos con toda la seguridad, tranquilidad, paciencia y empatía que podamos reunir.

22.

Algunos de los errores de disciplina más comunes

Aviso: en el mundo de la crianza, diverso y a veces tendiente a las divisiones, los errores de un padre pueden ser las mejores prácticas de otro.

Entonces, para aclarar, la manera en que defino "error" refleja las metas de crianza a las que yo personalmente aspiro y se basa en mis experiencias de trabajo con padres y niños pequeños durante los últimos 20 años. Considero ciertos enfoques como errores porque, más allá de que parezcan funcionar en el momento, pueden socavar la meta principal que tenemos la mayoría de nosotros: una relación de amor y confianza con nuestro hijo.

La palabra "disciplina" en sí es un error, ya que para la mayoría de nosotros tiene una connotación de castigo y, según la primera definición de disciplina del *Diccionario Oxford,* ambas ideas van de la mano: *"La práctica de capacitar gente para que obedezca las reglas o un código de comportamiento con la utilización del castigo para corregir la desobediencia".*

Puesto que considero el castigo como el error de disciplina más grande de todos, descartaré el significado del diccionario Oxford y usaré la definición que Magda Gerber comparte en *Dear Parent: Caring for Infants With Respect (Estimado Padre: Cuidado del niño con respeto):* "Capacitación que desarrolla el autocontrol y el carácter".

Esto está más alineado con el verdadero origen del término, la palabra latina *disciplina*, que significa "instrucción, conocimiento".

Entonces, la disciplina es educar a nuestros hijos con el fin de que comprendan comportamientos y valores adecuados, y también enseñarles a controlar sus impulsos. Algunos métodos de enseñanza e ideas equivocadas que o bien educan mal o solo interfieren:

Los castigos. Existen varias razones por las cuales los castigos (entre ellos las nalgadas, el tiempo fuera y las "consecuencias", cuando se presentan en forma de castigo) son errores. La más fundamental es que los niños que aprenden mediante el dolor físico o emocional tienden a dejar de confiar en nosotros y en ellos mismos. Esperar que los humanos que se encuentran en la etapa de vida más vulnerable aprendan mediante el dolor y la vergüenza (cuando un adulto sano nunca lo toleraría) no tiene sentido, ¿verdad? ¿Se imagina anotarse en un curso universitario y que le den nalgadas o lo aíslen en tiempo fuera porque no aprende lo bastante rápido?

Aun si los castigos no tuvieran efectos negativos a largo plazo, la verdad es que no funcionan. El vínculo de amor y confianza que tienen nuestros hijos con nosotros es lo que hace que *quieran* seguir nuestro código de conducta e internalizar nuestros valores. Si esa relación se deteriora, la disciplina se vuelve una lucha de "nosotros contra ellos".

El percibir a los niños como "malos" y no como que necesitan ayuda. Una vez, en uno de mis cursos de orientación para padres e hijos, había un niño cuyo comportamiento podría considerarse "malo". Se sentía obligado a poner los límites a prueba, probablemente porque a su madre, dulce y devota, le costaba mucho sentarlos con seguridad. Ella admitía que el comportamiento de su hijo la desconcertaba. Eso, a la vez, lo desconcertaba a él, y el portarse mal era su manera de demostrarlo.

Algunos días tenía que seguir con tranquilidad a este niño, vigilándolo de cerca para que no empujara ni tumbara a uno de los otros niños, que tenían entre 18 y 24 meses. Cuando sentía que se venía un impulso agresivo yo ponía la mano en el medio y decía con toda naturalidad "No dejaré que empujes", o lo apartaba con suavidad del amigo al que estaba por derribar y decía "Eso es demasiado violento".

No tenía sentido recordarle que el contacto tenía que ser suave (de hecho, hubiese sido un insulto a su inteligencia). Él sabía *exactamente* lo que significaba "suave" y estaba claro que su elección era otra.

Pero lo que yo *sí* a menudo terminaba preguntando era "¿Estás teniendo un día difícil?".

"Da", respondía él con un poco de melancolía, un asomo de sonrisa en los labios y profundo entendimiento en los ojos. Este simple reconocimiento, junto con mis límites permanentes, por lo general apaciguaban el comportamiento.

A los pequeños les encanta ser comprendidos. Además, necesitan saber que sus maestros de disciplina son tranquilos, serenos y comprensivos; que su comportamiento no los desconcierta ni los molesta.

Es así como he llegado a entender el mal comportamiento. No es malo o mezquino a propósito, ni un medio para disgustar a los padres; es un pedido de ayuda.

Ayúdame, estoy cansado.

Ayúdame, tengo bajo nivel de azúcar en la sangre.

Ayúdame a dejar de pegarles a mis amigos.

Ayúdame a dejar de irritarte o hacerte enfadar.

(Aún mejor, detenme antes de que lo haga).

Ayúdame manteniendo la calma; así siento que eres muy capaz de cuidarme.

Ayúdame con tu empatía; así sé que me comprendes y me sigues amando.

Ayúdame a soltar estos impulsos y distracciones, y a volver a ser juguetón, alegre y libre.

23.

La importancia de sentar límites sin gritar

En el capítulo anterior expliqué por qué los castigos y la percepción de los niños que se comportan mal como "malos" socavan la disciplina eficaz y respetuosa.

En la siguiente conversación por correo electrónico con Liliana, la madre de un pequeño, analizamos otros tropiezos comunes en el ámbito de la disciplina:

- gritar;
- no estipular los límites desde un principio (lo cual conduce a gritar o al menos a tener ganas);
- no llevar a cabo lo que se ha dicho (lo cual también puede conducir a gritar).

Querida Janet:

Te he estado leyendo desde hace alrededor de un año y he descubierto que los principios de RIE son indispensables con mi hija.

Cuido de ella a tiempo completo y es increíble cuánto mejor pasamos el día cuando logro mantener el rostro y el tono tranquilos al sentar los límites.

Mi problema es que no soy muy buena con esto: a veces me resultan tan frustrantes las exigencias constantes de una pequeña de 2 años y medio que acabo gritando.

Mi consulta es si tienes algún consejo para mantenerme tranquila y ser coherente. Es incuestionable que ya tengo mucha fe en este sistema, pero necesito algo que me ayude a controlar el nivel de frustración en el momento.

Si bien soy consciente de que es completamente irrazonable esperar que mi hija sepa cuándo se está pasando, no puedo evitar querer decir algo como "Vamos, niña, ya te he hablado con el tono respetuoso y firme unas veces y me salió perfecto, ¡ahora no voy a dar más vueltas!".

Lo que sucede es que, cuando funciona, y eso es muy a menudo, realmente funciona. Eso debería ser suficiente incentivo para mí, pero todavía me cuesta. Estoy segura de que si otro padre o madre me hiciera esta pregunta, sabría exactamente qué contestarle, pero ponerlo en práctica todo el tiempo cuando la situación se pone peliaguda no me resulta nada fácil. ¿Algún consejo especial?

Desde ya, muchísimas gracias.

Liliana

Hola, Liliana:

Los 2 años y medio son una edad exigente, pero las "exigencias constantes" me dieron una pista de que hay algo en la dinámica entre tú y tu hija que la inquieta. No debería haber exigencias constantes; sin embargo, si ella siente que te está provocando y quizá explotes (con los gritos, la frustración y demás), se verá obligada a tener más exigencias.

A las corridas,

Janet

Gracias, Janet. Sin lugar a duda ella siente que me está provocando, es muy cierto. Creo que no describí bien la situación cuando dije que sus exigencias eran constantes.

En verdad es fantástico lo bien que se entretiene sola, y nosotros hacemos todo lo posible por promover esa independencia y seguirla a ella. Por ejemplo, acaba de aprender a abrir la puerta de mosquitero sola. Me parece genial, pues tenemos un patio seguro y cercado en el que puede pasar todo el tiempo que quiera jugando.

Un ejemplo de algo que me saca de quicio ahora que puede abrir esa puerta es que a veces le da el ataque de arrojar cosas afuera; no para hasta que cerramos la puerta con traba. No importa qué digamos; por más tranquilos que le expliquemos ("No dejaré que hagas eso"), sigue haciéndolo... No para. Pero no quiero cerrar la puerta con traba y poner así un límite artificial; quiero que haga lo que le pido.

Lo que siento es (y sé que mi expectativa es completamente irrazonable) que quiero que entienda cuánto nos esforzamos por ser padres respetuosos, por darle toda la libertad y autonomía que pueda manejar, y que ella nos otorgue el beneficio de la duda, así como también respeto, cuando le decimos "no". Cuando hace con descaro algo que le dijimos de buena manera que no puede hacer, es hiriente e irrespetuoso hacia mí, y me cuesta mucho no tomármelo a pecho.

Lo que me gustaría que me saliera mejor es sencillamente decir, después de una advertencia, "Ahora voy a cerrar la puerta con traba, porque te está resultando difícil dejar las cosas dentro de la casa", y con tranquilidad levantarme y hacerlo.

Creo que mi problema, ahora que lo estoy explicando, es que le doy demasiadas oportunidades, más de las que puedo manejar, para que cumpla sola. En mi intento de darle la oportunidad de elegir hacer lo que le estoy pidiendo, termino esforzándome más de lo que soporto.

Entonces, ¿cuál sería la mejor manera de equilibrar el darle la oportunidad de decidir y obedecer por su cuenta, sin *tener que intervenir para hacerle cumplir el límite?*

Hola, Liliana:

¡Así es! Te has respondido tu propia pregunta: *"Lo que me gustaría que me saliera mejor es sencillamente decir, después de una advertencia, 'Ahora voy a cerrar la puerta con traba, porque te está resultando difícil dejar las cosas dentro de la casa', y con tranquilidad levantarme y hacerlo.*

Creo que mi problema, ahora que lo estoy explicando, es que le doy demasiadas oportunidades, más de las que puedo manejar, para que cumpla sola. En mi intento de darle la oportunidad de elegir hacer lo que le estoy pidiendo, termino esforzándome más de lo que soporto".

Parecería que estás esperando demasiado de tu pequeña y malinterpretando el por qué se "porta mal". Sí, entiende lo que quieres; pero no, no puede solo estar de acuerdo y cumplir tranquilamente con tus deseos por respeto. Esto no es algo personal, es un tema de desarrollo.

Una parte vital de su desarrollo en este momento radica en poner a prueba su poder y su voluntad, a la vez que se le asegura que tiene padres bien preparados para contener ese poder. Los pequeños hacen esto al mostrarnos resistencia. Si dijeran "Sí, mamá, haré lo que me pides", no podrían explorar su voluntad. Por eso, la resistencia a esta edad es normal y sana.

No obstante, para un pequeño es desconcertante —y hasta puede darle miedo— sentirse demasiado poderoso, tanto como para provocar a sus padres y ponerlos nerviosos o hacerlos enfadar, o para tomar decisiones que no puede tomar con facilidad, como cuándo renunciar a su voluntad, seguir las instrucciones de los padres y dejar de lanzar los juguetes. Sentirse demasiado poderoso equivale a sentirse desamparado, y los pequeños son sumamente conscientes de la necesidad que tienen de nuestro cuidado.

Tu hija quiere y necesita que cumplas con lo que has dicho y cierres la puerta con traba. Luego, si se siente mal por eso, permítele que exprese los sentimientos y valídalos. Ella necesita que tú te conectes con tranquilidad y "hagas tu papel" de madre *mucho antes* de enfadarte. Si te enfadas, quiere decir que le estás dando demasiadas oportunidades y elecciones. Ella te está haciendo saber con claridad que necesita tu ayuda.

Se me ocurre que también podría estar expresando que está cansada, tiene hambre o necesita soltar sentimientos reprimidos. Pero una cosa es segura: está pidiendo límites de tu parte y que se los pongas con tranquilidad y respeto, de manera tal que pueda volver a sentirse segura y protegida con tu amor y cuidado.

Yo me acercaría lo suficiente como para poder mirarla a los ojos y decirle con amabilidad, una vez, que no lo haga: "Por favor, deja los juguetes en la casa". Luego di "Estás lanzando juguetes afuera cuando te pedí que no lo hicieras. Voy a cerrar la puerta con traba". Es posible que chille o incluso pierda el control; pero también suspirará y sentirá un gran alivio por dentro. *Mamá me detuvo antes de enfadarse. Parece estar segura de cómo cuidarme.*

El cuidarte a ti y a tu hija —dándole este nivel de prioridad a la relación entre ustedes— es lo máximo en una crianza excelente, un motivo para sentirse extremadamente orgullosa. Los niños no quieren que se los considere molestos, frustrantes o irritantes, y no se merecen nuestro rencor. Pero solo *nosotros* podemos estipular los límites necesarios (y lo bastante a tiempo) para evitar que aparezcan estos sentimientos y contaminen nuestra relación.

Espero que esta perspectiva te dé el ánimo que necesitas para mantener la tranquilidad y ser consecuente.

Con cariño,

Janet

24.

La verdad acerca de las consecuencias

Al abrirnos camino en el complejo ámbito de la disciplina, puede ayudar el hacernos regularmente esta pregunta importante: ¿Cuál es nuestra meta principal en la crianza?

Si nuestra meta principal es forjar un vínculo duradero con nuestros hijos, repetir frases como "hacerle entender", "meterle ese concepto en la cabeza" e incluso "hacer que haga tal o cual cosa" es una señal clara de que nos hemos descarrilado.

Empezar desde un lugar de manipulación no es una buena estrategia; no hará más que debilitar nuestros esfuerzos, porque crea una relación de tipo "nosotros contra ellos", en lugar de la colaboración positiva que necesitan los niños para ser guiados con eficacia.

Si bien las consecuencias tienen un papel significativo (que explico más abajo) en la disciplina con respeto, no funcionan cuando:

Solo representan un eufemismo para los castigos. Los castigos a veces funcionan para desalentar el comportamiento indeseable, aunque por lo general los padres descubren que el castigo conduce a muchos castigos más. Los castigos son maestros ineptos porque no enseñan el comportamiento *positivo* ni sirven de modelo.

También pueden tener consecuencias involuntarias y desafortunadas: pueden hacer que los niños internalicen la culpa y el enfado, y crear distancia, aislamiento y desconfianza. Los castigos severos o físicos pueden causar temor, ira y sentimientos de impotencia y desamparo.

Los fascinantes estudios del psicólogo Paul Bloom acerca de los bebés y la moralidad demuestran que incluso los bebés pequeños tienen una comprensión básica de la justicia. Nuestro hijo sentirá que una consecuencia respetuosa es justa, lo cual no significa que no objetará —es probable que lo haga—, y ese desacuerdo debe aceptarse y reconocerse. Cuando nuestro hijo percibe la sinceridad y la justicia, la confianza entre los dos se mantiene intacta y a menudo incluso se fortalece.

Los castigos parecen malvados porque lo son. ¿Es este aspecto de nuestra personalidad el que queremos que emule nuestro hijo?

No están relacionadas con la situación o se las aplica demasiado después del hecho. Una de las muchas cosas inspiradoras que hacen los niños es vivir en el momento; enseguida pasan a otra cosa. Cuanto más pequeño el niño, más pronto se olvida por completo y no puede hacer la conexión entre su acción y nuestra consecuencia. Entonces, cuando ponemos límites para lo que sea, debemos hacerlo de manera inmediata y pasar a otra cosa nosotros también, sin quedarnos malhumorados, furiosos o con rencores.

Con un poco de reflexión previa podríamos haber evitado o prevenido la situación al sentar un

límite de entrada. Los niños un poco mayores necesitan poder proteger sus proyectos (en una mesa alta, por ejemplo) de los bebés y los más pequeños, que siempre están deseosos de explorar y poner a prueba los límites. No es justo para ninguno de los niños que los padres permitan una situación destructiva si es posible evitarla.

Conllevan disculpas forzadas u otros gestos falsos. Forzar la disculpa y el perdón, o cualquier otro sentimiento, enseña a los niños muchas cosas infructuosas: no confíes en tus sentimientos verdaderos, finge sentirlos para complacer a los adultos, di "lo siento" como excusa o para ser falso, etc.

Las consecuencias son eficaces, respetuosas y ayudan a mejorar la relación cuando:

1. Son elecciones lógicas, razonables y adecuadas a la edad. "No puedo dejar que arrojes esos cubos a la ventana… Te está costando no lanzar los cubos. Puedes arrojarlos a la alfombra o en la canasta, si no deberé guardarlos un rato… Gracias por hacerme saber que necesitabas ayuda. Guardaré los cubos".

2. Se expresan con amabilidad y seguridad (y no como una amenaza), para luego dejar la cuestión de lado y pasar a otra cosa. Para la mayoría de nosotros, esto significa *sentar el límite desde un principio*, antes de que nos irritemos o enfademos demasiado.

3. Están acompañadas del reconocimiento tanto del punto de vista como de los sentimientos de nuestro hijo (sin importar cuán irrazonables nos

parezcan): "Querías quedarte en el parque, pero te estaba costando no pegarles a tus amigos, por eso dije que debíamos irnos. Entiendo que estés tan disgustado".

4. Son respuestas congruentes y predecibles, elementos de una rutina que nuestro hijo reconoce. "¿Has acabado de comer? Estás parado, eso indica que has acabado… Bueno, te vuelves a sentar para comer un poco más, por favor no te levantes hasta haber terminado… Ah, ahora te has vuelto a levantar, así que guardaré la comida. Gracias por hacerme saber que habías acabado… Estás disgustado porque guardé la comida; no querías que lo hiciera. Comprendo. Volveremos a comer pronto".

5. Representan la expresión genuina de nuestros límites personales. Es en este punto donde difiero de algunos de mis colegas defensores de la disciplina con cariño…

Una madre de uno de mis cursos, que no podría ser más respetuosa, dulce y genial en todo sentido, asistió a la presentación de una exitosa consejera de la crianza con cariño. El desafío más grande para esta mamá es sentar límites con confianza en sí misma. Tiene tendencia a la inseguridad y la culpa si la situación concierne a sus límites personales o no está clara más allá de toda duda, como sería el caso de una cuestión de seguridad.

Consultó a la consejera sobre una experiencia que había tenido mientras llevaba a su hija de 6 años en coche a jugar a la casa de una amiga: la hija se molestó con su hermanito y no paraba de gritar. La madre, con paciencia, le pidió varias veces que dejara de hacerlo, pero la niña siguió. La mamá ya no podía más. Le preguntó a la consejera si estaba bien que le dijera a su hija que si no podía dejar de gritar iban a dar la media vuelta y regresar a casa. La respuesta de la consejera fue "no", porque esa era una consecuencia impuesta por uno de los padres.

No voy a mentir, oír eso casi me enloqueció. Esta mamá necesita apoyo especial para sentar límites y hacerse valer; en lugar de eso recibe un reto por sugerirlo.

Lo irónico es que esa consejera se especializa en ayudar a los padres a dejar de gritar y, sin embargo, le falta la pieza clave del rompecabezas de los gritos: los padres necesitan que se les dé todo el ánimo del mundo para cuidar de ellos mismos con tranquilidad, sinceridad, equidad y confianza, de manera tal que no exploten con sus hijos. Necesitan el permiso para pegar la vuelta con el coche, no dejar que los niños saquen y desparramen más materiales de arte antes de ayudar a guardar los que estaban usando, o no ir al parque cuando el niño se niega a vestirse: "Dijiste que querías ir al parque hoy, pero si no te vistes no tendremos tiempo. ¿Quieres que te ayude?". O "Estoy muy cansada, así que por favor ayúdame a lavarte los dientes si quieres que te lea otro libro". O "Veo que estás muy desilusionada de no haber podido ir a jugar a lo de tu amiga, pero no parabas de gritar, y la verdad es que yo ya no aguantaba más".

La diferencia fundamental entre las consecuencias y los castigos es el compartir sincero y franco. No podemos ser padres cariñosos sin cuidar nuestros límites personales… y las consecuencias de este tipo de modelo son todas buenas.

25.

Aprendiendo a liberar a los hijos

Con mi primera hija, aprender a reconocer las pruebas y el comportamiento provocador (el cual, para fines del primer año, parecía surgir de la nada), y responder de manera eficaz, llevó un esfuerzo concertado.

Hace poco, durante una consulta, un padre compartió conmigo una analogía que dio en el blanco, y me ayudó a entender mi dificultad personal y a hacer algunas conexiones.

Él y su esposa habían estado manejando con tacto las exigencias y los ataques encimosos de su pequeña; sin embargo, el comportamiento difícil de la niña se estaba volviendo más intenso y frecuente. Yo le recomendaba que fueran más claros y directos, sin miedo a los sentimientos fuertes de su hija, y de repente se dio cuenta: "Ah, es como cuando alguien quiere salir contigo y tú no tienes interés, pero en lugar de ser directo tratas de desilusionarlos de a poquito... y finalmente resulta que no captan la indirecta".

Zas. La analogía resonó de verdad, porque eso era lo que yo hacía antes: evitaba la confrontación y el decir "no". No quería arriesgarme a herir los sentimientos de nadie o hacer que se enfadaran conmigo. No quería que me rechazaran, aun cuando en esencia era yo la que estaba rechazando a esa persona.

Me jugaba por lo seguro para no liarla y que les siguiera "gustando".

Entonces ponía excusas en lugar de simplemente admitir "Gracias, pero no tengo interés en salir contigo". Ocurría siempre que el muchacho seguía llamando (en aquellas épocas uno no podía esconderse detrás de los mensajes de texto, cosa que con seguridad yo hubiese apreciado), y yo tenía que seguir esquivándolo y evitándolo. Me enfadaba y resentía cada vez más: *¿No capta una indirecta?* ¿Pero de quién era la culpa? Mía, por supuesto.

Podemos crear una dinámica similar con los hijos. Les damos falsas esperanzas cuando no somos claros y directos, generalmente porque no queremos afrontar las consecuencias, lo cual es *comprensible*: los gritos, los lloros y los berrinches no son exactamente lo que queremos oír; pero cuando intentamos evitar los sentimientos de nuestro hijo o andar de puntillas para no disgustarlo, el comportamiento indeseable y encimoso por lo general continúa (o vuelve a aparecer más tarde), y luego somos nosotros los que terminamos gritando. Los únicos culpables de esto somos nosotros.

La manera más cariñosa de decir "no" es de forma directa, con seguridad y mucho antes de que nos irritemos o enfademos. No se trata de ser duro y sin duda no es un castigo; es simplemente ser decidido… *y proyectar así un convencimiento tranquilo.*

Conviene solo utilizar la palabra "no" de vez en cuando, ya que los niños se desconectan si la usamos demasiado. Además, no es tan respetuoso o clarificador como decir "No dejaré que lo hagas porque eso duele", o "No puedo permitírtelo, pues es peligroso", o "no puedo jugar contigo en este momento, tengo que preparar la cena".

Sin embargo, cuando surgen problemas entre padres e hijos porque los padres no son lo bastante directos y claros, yo los animo a decir "no" (o al menos pensar desde la postura del "no") y a dar una breve explicación. El "no" puede ayudar a los padres —y por tanto, a los hijos— a sentir que tienen más claridad. A menudo, los niños continúan con el comportamiento provocador para comunicarnos que necesitan más claridad; necesitan saber que hablamos en serio y nos sentimos seguros de llevar a cabo lo que hemos dicho y no permitirles hacer lo que quieren.

No podemos ser claros con los pequeños si no tenemos esa claridad nosotros mismos. Es por eso que a los padres en general les resulta más fácil decir "no" cuando se trata de cuestiones de seguridad, mientras que los casos menos claros son mucho más exigentes. Por ejemplo:

- el destete;
- las separaciones que no son absolutamente necesarias (como querer ir al baño o cualquier otro lugar de la casa y dejar a nuestro hijo en un área de juego segura);
- la hora de acostarse y los problemas del sueño (aún menos claros porque estamos cansados y tenemos las defensas bajas);
- la preferencia de nuestro hijo por uno de los padres cuando está con el otro;
- las situaciones en que postergan hacer algo.

A otra madre con quien tuve una consulta hace poco le estaba costando sentirse cómoda al establecer límites con su pequeño, pero pudo ayudarme a que la ayudara cuando me contó de una situación que siempre había sido muy clara para mí: insistir en que su hijo le diera la mano en el estacionamiento.

Cada vez que mencionaba una situación en la que dudaba (como cuando necesitaba que su hijo terminara de bañarse y sentía que él postergaba el momento), yo le recordaba: "Le das la mano en el estacionamiento". Así de claros debemos ser; siempre se puede cambiar de opinión (con claridad) después.

Recuerde también que los pequeños son increíblemente conscientes, están especialmente sintonizados con sus padres y están aprendiendo todo el tiempo. Entonces, la pregunta jamás es "¿Aprenden?", sino "¿*Qué* aprenden?".

Cuando nos sentimos inquietos o no estamos seguros de decir "no" en una situación determinada, y quizá intentamos convencer al niño mediante lisonjas o engatusándolo, él no puede evitar sentirse inquieto.

Si nos preocupamos de cuáles serán los sentimientos de nuestro hijo como respuesta a nuestros límites (por ejemplo, si procedemos con demasiada precaución o tratamos de consolar a nuestro "pobre bebé"), a él no le queda otra opción más que sentirse incómodo con estos sentimientos.

Cuando nuestro hijo percibe que usamos en el trato "guantes para niños", se siente débil e incapaz en lugar de sano y decidido, como deben ser los pequeños, y no tiene otra opción que seguir haciendo el papel que hemos elegido para él sin darnos cuenta.

Para enturbiar más todavía el asunto, mientras que nuestro hijo recibe mensajes de nosotros a través de cada interacción que tenemos con él, nosotros también recibimos contribuciones de parte suya. Así, la vacilación en los momentos en que debemos guiarlo directamente crea incomodidad para nuestro hijo, que quizá exprese mediante el comportamiento encimoso o demasiado dependiente. Entonces (¡cielos!), se confirman nuestros temores: vemos a un niño frágil, ansioso y encimoso a quien no nos atrevemos a desilusionar; y el ciclo continúa.

Por eso, se les pide a los padres que sean valientes y liberen a su hijo dándole respuestas directas. Debemos apelar a los aspectos más fuertes de nuestro hijo en lugar de temer a sus debilidades. Él se merece la verdad; y puede manejarla, pero solo si nosotros creemos que puede hacerlo.

26.

Cómo ser un líder cariñoso

La libertad que todos sentimos en lo profundo de nuestro ser llega una vez que hemos comprendido dónde nos situamos en el orden general del universo.

– Magda Gerber

Una mamá frustrada y exhausta quiere tratar a su hija de 3 años con más cariño y sin apelar a los castigos. Lo irónico es que para lograrlo quizá deba transformarse en una guía más fuerte.

Janet:
Siento que he fracasado como madre.
Tengo una hija de 3 años que la mayoría de los días es cuanto menos difícil: grita, chilla, pega, interrumpe constantemente, tiene berrinches, nos dice "no", arroja juguetes, se niega a escuchar... Después hay momentos perfectos en los que se porta bien, escucha y es maravillosa, pero parecen ser contados.
Me frustra, y mucho.
*También tenemos un hijo de 8 meses que exige mi atención y mi hija detesta eso; siempre dice que **tengo** que ocuparme de ella primero y de él después. Ama a su hermanito hasta que tengo que prestarle atención a él.*
Hemos probado ponerla en tiempo fuera, sacarle juguetes, acostarla temprano, darle nalgadas... todo lo que es "normal" para mí viniendo de un hogar autoritario, pero no

funciona. Nada funciona. Lo único que se logra es hacer que todos los involucrados nos sintamos realmente mal.

Mi casa es un caos. Mi hermosa niña no solo está abatida sino que se comporta como si nos tuviera miedo porque odia los castigos… Nuestro hijo percibe la tensión, lo cual a su vez causa problemas con él, y yo me siento como un fracaso de madre.

Sé que debes estar inundada de correos, pero espero que tengas oportunidad de leer esto y puedas dar alguna explicación a esta madre exhausta; sencillamente ya no sé qué hacer.

Cordialmente,
Karina

Hola, Karina:

Disculpa la tardanza en contestar. Últimamente me ha estado llevando tiempo responder a todos los correos, en especial aquellos para los que no tengo respuestas fáciles (aunque quizá esa sea la gente que más necesita la ayuda).

Y ya que me estoy disculpando… También lamento todo lo que estás pasando, que estés dudando de ti misma y desanimándote.

Ciertamente es difícil para mí sumergirme y comprender la dinámica de una familia a partir de la escasa información de un correo. Entonces, al leer, busco pistas y luego trato de entender por qué sobresalen esas cosas. En tu carta, fue esto: "*Siempre dice que **tengo** que ocuparme de ella primero y de él después*".

Esa afirmación, junto con el hecho de que está "abatida" y "grita, chilla, pega" y demás, me indica que el equilibrio de poder entre tú y tu hija tal vez no sea tan sano como podría ser. Ella parece tener la impresión de que puede ejercer control en áreas que no le corresponde dirigir. Suena como que está intranquila e incómoda, y tus respuestas, intervenciones y medidas disciplinarias parecen inquietarla todavía más en lugar de tranquilizarla, abordar la necesidad de poner a prueba su poder y ayudarla a sentirse segura, protegida, más cómoda y libre.

Entonces, ¿cómo podemos ayudar?

Empezaría repitiendo el consejo de Magda de que los niños necesitan guías cariñosos; necesitan saber sin ninguna duda que sus padres están a cargo. Esto podrá parecer obvio, pero es fácil confundirse en este ámbito, en especial con un niño tenaz, listo y que se comunica por la palabra. (Me ha tocado).

A veces la reticencia a sentar límites claros viene de haber sido criado en un hogar demasiado autoritario. Quizá haya temor de repetir patrones de respuesta que modelaron nuestros padres: respuestas que sentimos como nada cariñosas, que perjudicaban la conexión o eran incluso abusivas. O, a veces, los padres sencillamente no tienen experiencia en establecer límites sanos.

Pero cuando no dejamos en claro que somos los guías cariñosos de la casa sentando límites razonables y consecuentes, y tomando el control, nuestro hijo no tiene otra opción que sentirse *fuera de control*.

Aunque no lo creas, tu hija no se siente cómoda en la posición de decir "*Tienes* que ocuparte de mí primero" (lo cual es muy distinto de decir: "¡Quiero que te ocupes de mí primero!"). Ella no quiere el poder que eso implica; la hace sentir insegura e intranquila el tener 3 años y hacer ese tipo de afirmaciones. Sin embargo, no lo hace de manera consciente; por eso también a nosotros nos resulta difícil verlo.

Este sentimiento de descontrol conduce a más comportamiento fuera de control; de allí que el niño grite, chille, pegue y demás, lo cual a su vez hace que los padres se sientan descontrolados. En lugar de guiar con confianza en nosotros mismos, es posible que reaccionemos por enfado, frustración y desesperación. Quizá intentemos recobrar el control mediante castigos como las nalgadas y tácticas disciplinarias como el tiempo fuera, que generan aún más rebelión y desconexión. Esto hace que nos sintamos un fracaso.

La vida familiar es más fácil y menos caótica para todos cuando tenemos en claro nuestro papel. Entonces, ¿cómo hacerlo?

1. Establece los límites *desde un principio*, con tranquilidad, firmeza y cariño. Con establecer los límites desde un principio me refiero a aclararle las situaciones a tu hija lo más posible aun antes de que empiece a comportarse mal. Tal claridad ayuda también a los padres, ya que esos límites bien definidos hacen que nos sintamos a cargo de la situación y evitan que lleguemos al punto de desesperación, frustrándonos, enfadándonos y recurriendo a los castigos.

Por ejemplo, puedes decir a tu hija "Me estoy preparando para darle la leche al bebé y acostarlo. Estaré ocupada con él durante media hora. Si necesitas algo, puedo traértelo ahora".

Después de llevarle lo que necesite (un libro del estante, algo para comer, lo que sea), dale una elección: "Puedes sentarte en la habitación con nosotros bien calladita o ir a jugar a tu habitación". Incluso podrías preguntar "¿Qué harás en tu habitación mientras estoy ocupada?".

Supongamos que elige quedarse contigo calladita pero termina no pudiendo hacerlo y está quejumbrosa: "Sé que es difícil esperar cuando estoy ocupada con el bebé, pero necesito tu ayuda. Quiero que vayas a tu habitación a jugar o mirar libros hasta que hayamos terminado. Después tendré tiempo para estar contigo".

Luego digamos que intenta pegarte. Le sostienes la mano: "No dejaré que me lastimes. Veo que estás disgustada; puedes ir a tu habitación y golpear la almohada, pero no dejaré que me pegues".

Si bien tu hija parece una niña fuerte, me imagino que tiene (y seguirá teniendo) reacciones negativas intensas cuando estableces los límites. No te sientas incómoda con eso; considera los gritos, los chillidos y el lloro como descargas sanas y positivas para ella. Es difícil ser pequeño y es *verdaderamente* difícil ser la hermana mayor y tener que compartir a tus padres con alguien más pequeñito, adorable y con mucha necesidad de atención. Siempre que puedas reconoce sus sentimientos: "Sé que es difícil para ti cuando estoy ocupada con el bebé. Tener que esperar es muy difícil y molesto, pero sé que puedes hacerlo".

Intenta relajarte —o al menos *parecer* relajada— y mantener la compostura aun si ella está explotando. Al final, cuando se dé cuenta de que hablas en serio y no logre ponerte nerviosa, encontrará una rutina en la que se entretendrá mientras estás ocupada con el bebé.

Yo pasé por algo similar con mi hija mayor, que es resuelta e intensa, después de que naciera mi segunda bebé. Ella tenía 4 años; se quejaba, lloraba, gritaba y daba alaridos cuando tenía que alimentar a su hermana y acostarla, lo cual me llevaba una hora completa. Durante varios días fue un escándalo. Al final, descubrió por cuenta propia que podía pasar ese tiempo en su habitación con la casa de muñecas, y eso se volvió su rutina, elegida por ella misma mientras yo me ocupaba de su hermana. ¡No me queda ninguna duda de que en esa casa de muñecas sucedía todo tipo de cosas!

2. Reconoce su punto de vista, no lo discutas. Cuando tu hija expresa su desacuerdo con la situación, en especial si su afirmación comienza con "Tienes que", reconócela con tranquilidad, si tienes tiempo mira más allá de la afirmación para ver qué está sintiendo, pero no discutas ("No, *no tengo* que"), ni negocies, ni le des poder de ninguna otra manera. La respuesta breve podría ser algo así como un sincero "Gracias por tu opinión. Esto es lo que haremos...".

Una respuesta más larga podría ahondar en la validación de sus sentimientos, que al haber un hermanito nuevo pueden incluir enfado y pena por la pérdida de la relación uno a uno con los padres. Aun así, déjale en claro que entiendes sus sentimientos, pero que seguirás adelante con el plan. Ella necesita tu empatía, no el tipo de compasión al estilo "pobre bebé" que nos hace aflojar los límites de comportamiento. De hecho, cuando el niño se encuentra en una etapa de transición, los límites firmes y consecuentes son aún más fundamentales.

3. Pide que te ayude. Siempre que sea posible, solicita su ayuda con el bebé o cualquier otra cosa; así la ayudarás a satisfacer su necesidad de autonomía, de sentirse competente y de participar.

4. Ofrece consuelo y atención exclusiva, y expresa tu agradecimiento. Asegúrale que siempre satisfarás sus necesidades, aunque no siempre sea en el momento perfecto para ella; no olvides dedicarle regularmente períodos de atención exclusiva que pueda esperar ilusionada; y, por sobre todas las cosas, no olvides agradecerle los *"momentos perfectos en los que se porta bien, escucha y es maravillosa"*.

Espero que estas sugerencias ayuden a tu hija a entender que sus opiniones y sentimientos siempre serán bienvenidos y comprendidos, pero que serás tú quien tome las decisiones familiares —como cuándo se satisfacen las necesidades de quién— sin importar cuánto ella se oponga. Esto debería ayudar a tranquilizarla y aplacar el caos con el que estás lidiando.

¡Mantenme al tanto!

Un afectuoso saludo,

Janet

27.

Si la disciplina con cariño no funciona

Si se encuentra leyendo este libro porque tiene la convicción de guiar el comportamiento de su hijo sin nalgadas ni castigos, la felicito, especialmente si fue castigada de niña y está a la búsqueda de una mejor manera de hacer las cosas.

El establecer límites sin castigos funciona. De hecho, funciona tan a la perfección que notará que cada vez tiene que poner menos límites, en especial una vez que han pasado los 3 años de su hijo. Esto no es una exageración; todos los años recibo cientos de correos de padres entusiasmados que comparten las historias de sus logros.

También me entero bastante de lo que *no* está funcionando por parte de padres que consideran estar poniendo en práctica la disciplina con cariño. Los padres comparten experiencias con comportamientos que pueden haber comenzado como pequeñas puestas a prueba pero se han vuelto más agresivos, destructivos, insolentes o premeditados. Me entero de niños de 5 años encimosos y exigentes, niños de edad preescolar que lastiman a sus compañeros a propósito, y niños que parecen o bien frágiles o enfadados gran parte del tiempo.

Los padres se preguntan *¿Cómo puede ser que nuestro hijo se comporte de esta manera cuando estamos* *comprometidos a guiarlo con respeto y sin recurrir al castigo?*

Mientras leía un artículo de la bloguera Suchada Eickemeyer titulado "La frase de crianza más valiosa luego de 'Te amo'", de repente tuve un indicio acerca de la razón de aquel comportamiento. La frase clave a la que se refiere el artículo es "No dejaré que lo hagas". Suchada señala: "Esta frase me ha ayudado a aplicar la disciplina como me parece más beneficiosa: siendo responsable, pero no dominante; cariñosa, pero firme; sincera; clara y directa".

Parecería haber una confusión generalizada de que la disciplina con cariño, no orientada al castigo, equivale a evitar la confrontación directa con el niño en lugar de darle la respuesta sencilla y conectada que todo niño necesita cuando, por ejemplo, le pega al perro. En este caso, la medida disciplinaria adecuada sería arrodillarse en el piso junto al niño, mirarlo a los ojos y decir con tranquilidad "No dejaré que le pegues al perro. Eso le duele", mientras se sostiene la mano del niño o se impide otro golpe.

Mi impresión es que muchos padres complican demasiado este tema, tal vez debido a la confusión acerca de algunos de los términos normalmente utilizados en cuanto a la disciplina; términos como "conexión", "necesidades no satisfechas" y "carácter juguetón".

La conexión

Los niños deben sentirse conectados para que la disciplina sea satisfactoria. ¿Pero cómo? Cuando oigo la palabra "conexión" me vienen a la mente el abrazarse, reírse y correr juntos por los pastizales, no el decir "no" y probablemente disgustar a mi hijo. Pero aunque en el momento de poner el límite la conexión no emana calidez y alegría, es fundamental. Dos de las maneras más importantes de conectarse:

1. Sencillamente hable con su hijo. La mayoría de los consejos que oigo sobre el sentar límites sugieren expresiones que esquivan la confrontación directa de manera sutil y nos distancian, cuando deberíamos conectarnos. Los ejemplos hablados por lo general están en la tercera persona: "No está bien hacer…"; "A mamá no le gusta cuando tú…"; o "Pedrito no tiene permitido…"

Luego está el enfoque filosófico: "Los rostros no son para darles cachetadas"; "Las calles no son para correr"; "Los amigos no son para morder".

O el "plural mayestático": "No arrojamos la comida" (mientras que nuestros intuitivos pequeños piensan: *Mmm, algunos de nosotros sí*).

En mi caso, hasta me incomoda un poco el "Corazoncito (o "cielo" o "amorcito"), no lastimes al perro". A mí los términos afectivos usados en momentos así me suenan falsos y condescendientes, en especial si el adulto finge el afecto y el estar tranquilo cuando está irritado.

"No te lo permitiré" (o "No puedo dejar que…" o "No quiero que hagas eso") nos conecta instantáneamente de persona a persona y aclara nuestras expectativas. Es esta la conexión que los niños necesitan antes que nada cuando se comportan mal. A los pequeños no se les pasa ni un truco, entonces necesitan (y se merecen) una respuesta respetuosa y directa. Podremos correr juntos por los pastizales en otro momento.

2. Reconozca sus sentimientos y empatice con ellos. Los niños necesitan que, cuando establecemos límites, validemos su perspectiva y sus sentimientos. Por lo general es mejor empatizar después de sentar el límite ("No dejaré que lo hagas"). No obstante, la empatía significa comprender y apoyar, no hundirse con el barco. Dicho de otro modo, refleje con palabras ("Te disgustaste porque no te di otra galletita"), pero no se disguste o desanime cuando su hijo tenga una reacción emocional a sus límites. Ese nivel de conexión no es sano para ninguno de los dos; nos agota y nubla nuestra perspectiva, lo cual dificulta la guía eficaz y deja a nuestro hijo sin el pilar inamovible que necesita.

Las necesidades no satisfechas

Para el momento en que tienen 18 meses, la mayoría de los niños están conscientes de muchas cosas que no queremos que hagan. Entonces, ¿por qué las hacen? Hay varias posibilidades para tener en cuenta, pero solo *después* de haber satisfecho la necesidad primordial en ese momento de comportamiento provocador. Si vacilamos en sentar un límite con convicción porque estamos tratando de entender qué está causando ese comportamiento en el niño, a él le queda el mensaje dubitativo, vago o incierto en lugar de una ayuda verdadera.

La necesidad más común que tienen los niños cuando se comportan mal es de nuestra atención, empezando por un tipo de atención muy especial: un reconocimiento amable pero firme de su comportamiento y de nuestras expectativas.

El carácter juguetón

Cualquiera que me conozca le dirá que soy una persona y una madre despreocupada y juguetona. Me encantan la diversión y las bromas espontáneas que surgen con los niños cuando me siento segura de mi liderazgo. La diversión es maravillosa cuando es plena y nos ayuda a alentar a los niños a colaborar para levantar los juguetes o lavarse los dientes. Pero no recomiendo la diversión como una técnica para poner límites cuando reemplaza (o esquiva) la respuesta conectada, sincera y clara que necesitan los niños.

También creo que al recomendar el carácter juguetón se presiona todavía más a los padres para que tengan a los niños contentos todo el tiempo, algo que la mayoría de nosotros haría si pensara que es posible, sano o el camino a la verdadera felicidad. Sin embargo, ni en la vida real ni en las relaciones reales estamos siempre sonriendo; nuestros niños lo saben y se merecen la autenticidad.

28.

Ser padres de un niño resuelto

Después de años de observar a niños pequeños, enseñar a padres y estar en cierta forma consciente de mi propio proceso de aprendizaje, me ha empezado a fascinar cada vez más la manera en que aprendemos los seres humanos. Me parece particularmente irónico el hecho de que se nos puede presentar información o ideas útiles, incluso repetidas veces, y sin embargo por la razón que fuera no resuenan lo suficiente en nosotros como para ponerlas en práctica; pero luego nos encontramos con el mismo contenido en un envoltorio ligeramente distinto, en una nueva circunstancia o en un momento futuro, y de repente nos llega al alma como una revelación.

Julia es una mamá encantadora y cariñosa con quien he mantenido algunas reuniones telefónicas. Me ha permitido compartir aquí esta carta que describe un momento de transformación que le tocó vivir relacionado con el "liderazgo cariñoso" y su hija, Camila, que es muy resuelta:

Durante los últimos cuatro meses más o menos me he estado sintiendo agotada y me ha estado resultando muy difícil todo. Como tú sabes, Camila es una niña increíblemente tenaz. Tanto que raras veces la veo perder una lucha por algún juguete, incluso con niños más grandes. Es fuerte tanto de carácter como de físico.

Yo admiro mucho esto en ella y tengo una actitud protectora, ya que de niña aprendí a dejar de lado mi fuerza y asegurarme de que todos a mi alrededor estuvieran cómodos y felices. Me ha llevado años aprender a mantenerme firme y no preocuparme excesivamente por los demás. Como era de esperar, ¡me toca una hija que hace calar todavía más hondo este aprendizaje!

A medida que Camila ha ido creciendo (cumple 2 en julio), su resolución y determinación solo han ido en aumento, y si bien yo creía que era firme, en realidad no lo era. Nunca di vueltas con los límites, pero sí me armaba de valor para la reacción de ella en una forma que no era eficaz. A veces, cuando tenía que acarrearla físicamente en contra de su voluntad, la niña lo hacía tan difícil que yo debía usar toda mi fuerza y mis recursos para poder ser eficaz pero cariñosa. Noté que me estaba sintiendo derrotada por sus respuestas y a veces pensaba para mí misma "¡Cielos, niña! ¿No podrías ser un poquito más fácil?".

Lo que reconozco ahora es que ella estaba sintiendo todo esto (el debilitamiento en mi resolución) y quizá se haya sentido con demasiado poder, preocupada de que mamá no fuese lo bastante fuerte para manejarla; probablemente lo leyera como un mensaje inquietante: que ella era demasiado.

Después de leer tu artículo sobre los temporizadores (Capítulo 11), algo en mí despertó y las cosas cambiaron por completo. Reconocí que soy lo suficientemente fuerte para manejar sus reacciones y que no necesito oponer resistencia... Ella puede ensayar sus comportamientos conmigo, sabiendo que cumpliré lo que digo y la guiaré hacia donde debe ir. Con este cambio de percepción, ya no me encuentro agotada al final del día y siento una felicidad que pocas veces he tenido como mamá... excepto en los últimos meses.

Lo llamativo es que todo esto es interno. Por fuera mis acciones parecen en esencia igual que antes, pero el cambio interno ha hecho mucho más fácil que Camila colabore conmigo y que yo esté presente de verdad para ella.

Camila también parece más contenta, con menos necesidad de poner a prueba los límites. Cuando yo era pequeña, sé que tuve un trauma del desarrollo importante alrededor de esta edad, cuando sufrí una pérdida de voluntad y aprendí a temerle a mi mamá, que no era capaz de manejar mi poder. Entonces, estar ahora guiando a Camila de una manera que las dos sentimos tan auténtica y respetuosa para ambas, es el obsequio más grande que pueda imaginar.

El ser padres de una forma tan consciente requiere perder el camino y luego volver a encontrarlo. Gracias por tu guía.

Con mis mejores deseos,
Julia

29.

Cuando el respeto
se vuelve consentimiento

Querida Janet:

Como psicóloga del desarrollo y profesora universitaria, amo tu sitio web y tu blog. Es magnífico el trabajo que realizas al explicar un enfoque del desarrollo del niño que es aceptado por muchos en la comunidad académica (al menos en mi campo de investigación).

Uno de los problemas que he estado contemplando últimamente es cómo determinar qué son expectativas adecuadas para un niño de una edad determinada. Mi hijo se está acercando al año y quiero intentar prepararme para lo que se viene. Entonces, ¿cómo decidir qué es una expectativa adecuada para un niño de determinada edad?

Por ejemplo, hace poco vinieron de visita unos amigos con su hija de 3 años. Cuando se iban, la niña decidió que quería ponerse los zapatos de su mamá para ir hasta el coche, con lo cual tardarían mucho más y la niña podría tropezar. ¿Cuál sería la respuesta adecuada en esa situación?

En otra salida reciente, el pequeño de una amiga tuvo un berrinche y empezó a golpearse la cabeza contra el piso. ¿Cómo debería haber contestado ella?

Gracias,

Marisa

Hola, Marisa:

Gracias por tu carta y las preguntas. Sin duda, me

has hecho pensar. Al principio, lo único que veía en común entre los dos ejemplos que me has dado era la necesidad de un padre o una madre tranquilos. El término "expectativas adecuadas" me confundió hasta que me di cuenta de que te referías al *comportamiento* adecuado, que es un poco distinto.

¿Cómo sabemos qué permitir y cuándo decir basta? ¿Cuáles son las verdaderas necesidades de nuestros hijos? A continuación encontrarás algunas pautas generales que reuní usando tus ejemplos.

Di que SÍ

Di que sí **a los sentimientos.** Siempre. Los niños necesitan la libertad de expresar sus sentimientos más profundos, oscuros, extraños, indignantes y aparentemente inadecuados.

Las emociones están profundamente conectadas a la "identidad propia"; entonces, desde la infancia, nuestro hijo necesita saber que lo escucharemos con paciencia, aceptaremos todos sus sentimientos y nos esforzaremos por comprenderlo. El desafío es no suprimir los sentimientos (con distracciones, castigos u otras respuestas que invalidan), como tampoco dejar que los estallidos emocionales nos impacten demasiado: oír y apoyar a nuestro hijo sin absorber sus estados de ánimo.

Esto me ha resultado útil como recordatorio de que no podemos controlar los sentimientos de otra persona. Solo podemos controlar la libertad que nuestro hijo siente para expresarlos. Animar la expresión de los sentimientos y reconocerlos es fundamental para la salud emocional de nuestro hijo así como para su autoestima.

Los pequeños tienen berrinches porque llegan a un punto de desequilibrio y necesitan soltar emociones profundas que escapan por completo a su control. El niño que se arroja al piso y se golpea la cabeza con enfado, ira o frustración necesita un padre tranquilo y comprensivo que le permita expresar estos sentimientos en su totalidad; que no lo castigue o siquiera lo "consuele" para detener el estallido.

Para que el berrinche funcione como una liberación eficaz para el niño, tiene que seguir su curso natural. Luego reconocemos la situación y ofrecemos abrazos. "Vaya, te disgustaste tanto cuando dije que no podías comer otro pedazo de ese pastel tan rico. De veras querías más".

Si el golpearse la cabeza se vuelve un hábito frecuente, hay que consultar a un profesional de inmediato; no obstante, la mayoría de los niños no se lastiman a propósito. La mejor respuesta es una actitud tranquila, quizá al mismo tiempo que le deslizamos una almohada debajo de la cabeza ("Colocaré esto aquí para que no te lastimes").

Si nos ponemos frenéticos, apelamos al castigo o nos agitamos —en otras palabras, si dejamos que el comportamiento nos provoque—, es posible que el niño lo repita conscientemente.

Di que sí a la exploración prudente y al juego por iniciativa propia. Para los niños pequeños, el juego, la exploración y la experimentación deberían ser mayormente elegidos por ellos mismos. Las elecciones de nuestro hijo nos sorprenderán y no siempre parecerá juego a nuestra manera de ver. El facilitar y observar el juego por iniciativa propia es uno de los placeres más grandes en el cuidado de los bebés y los niños pequeños. Y para ellos, esta libertad es una necesidad fundamental (*además*, los ayuda a aceptar los límites con más facilidad). Lo ideal es dar las oportunidades y los materiales y dejarlos que jueguen como quieran.

No veo ningún problema en permitir que un niño se ponga los zapatos de mamá al jugar si a mamá no le molesta. Pero, tal como explico a continuación, la necesidad de explorar de nuestro hijo no significa que necesite hacerlo en otros lugares que no sean los que consideramos seguros o adecuados.

Pon límites

Pon límites como precaución. Esto significa vigilar los golpes en la cabeza, que probablemente sean una fase involuntaria y transitoria (y si nos podemos mantener tranquilos, es probable que queden en eso).

Ir hasta el coche con los zapatos de mamá puestos es un riesgo innecesario para la experimentación sana. El verdadero deseo o la "necesidad" que está expresando esa niña, en mi opinión, es la tranquilidad que le brindan el liderazgo y los límites de uno de sus padres.

Pon límites cuando el niño te pone a prueba. Veo el pedido de ir al coche con los zapatos de mamá puestos como una prueba de voluntades, y si la niña gana, pierde. Pienso que en el fondo espera que a mamá le importe lo suficiente como para decir que no. Da la impresión de que es una niña lista y resuelta, quizá muy capaz de llegar hasta el coche en tacos altos si se lo permitieran. Aunque es probable que después volviese a poner a sus padres a prueba con otra cosa.

En lugar de enredarse en las batallas, yo sugiero sobreponerse a ellas marcando un límite con tranquilidad y cariño: "Sé que te gusta caminar con mis zapatos y en casa puedes hacerlo sin peligro, pero no aquí. ¿Quieres ponerte tus zapatos o ir descalza?". O aceptará esto con dignidad o se opondrá y soltará algunos de los sentimientos que estaban a punto de estallar.

Pon límites durante las transiciones. Los niños pequeños suelen tener dificultad con las transiciones; esto significa que por lo general necesitan el consuelo que trae consigo el tener más dirección y menos elección en los momentos de juego. Aun así necesitan oportunidades de manejarse con autonomía; por ejemplo, poder elegir si ponerse o no los zapatos *de ellos* para ir al coche (si es una opción) o la elección de "¿Quieres caminar o que te lleve?". Pero la libertad de hacer esperar a todos mientras ellos exploran el caminar "como lo hace mamá" es consentirlos dándoles una cantidad de poder incómoda.

El factor irritación

La crianza es el desarrollo de una relación extremadamente vital, el modelo para todas las relaciones futuras en las que participe nuestro hijo. Dado que para una relación se necesitan dos personas, nuestras necesidades y nuestros sentimientos son tan importantes como los de nuestro hijo. No cabe duda de que hacemos muchos sacrificios como padres pero, a la larga, la relación tiene que funcionar para ambos.

Puesto que nosotros somos los adultos a cargo,

somos los únicos capaces de proteger nuestra relación para que no se base en el resentimiento, el engaño, la desconfianza o la antipatía. Por eso creo en estipular límites con el fin de prevenir el *factor irritación*. Me refiero a que, dentro de lo posible, no le demos a nuestro hijo la libertad para irritarnos con su comportamiento. (Claro, la expresión de las emociones puede ser muy molesta, pero eso no cuenta porque no podemos controlarla y no deberíamos intentar hacerlo).

Si no queremos que nuestra hija juegue con nuestros zapatos, no me parece que deberíamos permitírselo, y en lugar de sentirnos culpables deberíamos sentirnos bien por cuidarnos a nosotros mismos y dar prioridad a nuestra relación.

A nuestro hijo se le hace todavía más fácil el no irritarnos cuando no dejamos al alcance mientras juega cosas que no pueda tocar. Esta es una de las muchas razones por las cuales los espacios de juego seguros y cercados son invalorables; dan a los niños la libertad de satisfacer su necesidad sana e instintiva de explorar sin ser un fastidio para nosotros y oír un "no" (al que tienen tendencia a desobedecer) a cada rato. El trabajo de un bebé es meterse en todo, pero cuando tenemos que decir constantemente "Basta ya" y "No te metas allí", empezamos a sentir rencor.

Asimismo, cuando con el fin de apaciguar al niño le permitimos que haga lo que en verdad no queremos que haga, terminamos siendo nosotros los que queremos explotar, cosa que puede ser peligrosa.

¿Queremos que nuestro hijo crezca creyendo que es una persona irritante y desagradable… y, muy posiblemente, que cumpla con esa profecía?

El estar en sintonía con nuestro propio ritmo interno ayuda: para saber cuáles son nuestras necesidades y transmitir eso al resto de la familia de modo que también ellos aprendan a respetarlas. Sacrificar las propias necesidades con frecuencia en favor de las del hijo puede crear enfado interno en lo profundo de ambos".

> – Magda Gerber, *Dear Parent: Caring for Infants With Respect (Estimado Padre: Cuidado del niño con respeto)*

Espero que esto aclare un poco las cosas.
Con cariño,
Janet

30.

La disciplina sin culpa (historia de un logro)

A menudo los padres son reacios a establecer límites con sus hijos porque prefieren no enfrentarse a la oposición y las reacciones negativas (no me imagino por qué). No nos sentimos bien cuando nuestro hijo no es feliz y el sentimiento es aún peor cuando somos nosotros los responsables. Quizá nos sintamos culpables y nos preocupemos de que la desilusión o el enfado de nuestro hijo persista, o temamos que se sienta rechazado o deje de amarnos porque no lo dejamos hacer lo que quería.

Nada podría ser menos cierto.

El sentar límites con honestidad y respeto es la manera más infalible de favorecer la seguridad emocional, algo que dotará a su hijo de una vida de felicidad y libertad.

Siempre me hace mucha ilusión recibir comentarios positivos de los lectores que demuestran los principios de RIE en acción. En este correo de Estefanía, comparte una experiencia que ilustra de manera maravillosa tres ingredientes indispensables para lograr lo que buscamos con la disciplina respetuosa:

1. Comunicarnos con respeto. Aun cuando se trata de los bebés más pequeños, intervenimos de manera directa y con franqueza en lugar de recurrir a la distracción, los trucos, la persuasión u otros tipos de manipulación y respuestas poco sinceras donde no hay conexión.

2. Estipular los límites desde un principio. Registramos nuestra irritación antes de que se vuelva frustración o enfado; esto es una señal de que debemos poner un límite. Evidentemente es injusto permitir que nuestros sentimientos negativos invadan la relación con nuestro hijo; por ende, percibimos estos límites como positivos y cariñosos.

3. Llevar a cabo lo dicho. Reconocemos que nuestros pedidos verbales e instrucciones a menudo no son suficientes, incluso cuando nuestro hijo los comprende perfectamente. Entonces, damos a nuestro hijo la seguridad de que lo "ayudaremos" llevando a cabo lo que hemos dicho con confianza, mediante acciones cariñosas pero insistentes.

La historia de Estefanía

Quería escribirte para contarte sobre una interacción que tuve anoche con mi hija de 2 años. Había regresado a casa del trabajo y, mientras hablaba con mi marido, la niña comenzó a arrojar la ropa limpia de la canasta al suelo. Al principio no iba a poner un límite porque no se trataba de un tema de seguridad, pero luego sentí que me estaba irritando; entonces decidí que sería mejor pedirle que dejara de arrastrar la ropa limpia por el piso sucio.

Me acuclillé a su altura y dije "No dejaré que arrastres la ropa por el suelo. No quiero tener que lavarla de nuevo". Despacito le quité la ropa de las manos y ella intentó aferrarla otra vez. Bloqueé sus manos con suavidad y le dije "No dejaré que me la quites. La guardaré". Lloró por unos 10 segundos y luego siguió jugando con su cocinita.

Por más que creo en la crianza con respeto, por alguna razón sigo asombrándome cuando tengo una interacción así. La comunicación parece tan espontánea y auténtica, y me encanta la paz que trae al hogar.

Un rato más tarde — y esta es la mejor parte — Lucía se me acercó y me dio un abrazo. Luego me dijo algo muy conmovedor… "Estoy tan feliz. Estoy tan feliz, mamá". ¡Y hablaba en serio!

Los límites ayudan a nuestros hijos a sentirse seguros y felices. Gracias por todo lo que ayudas guiando a los padres para que los establezcan con amor.

Muchísimas gracias a Estefanía y Lucía por permitirme compartir esta experiencia inspiradora.

31.

La crianza con respeto no es crianza pasiva

Uno de los aspectos más incomprendidos de la crianza es también el más fundamental: el poner a los niños los límites que necesitan para sentirse seguros.

El tema de cuán confuso nos puede resultar esto a todos me vino una vez más a la mente cuando recibí el siguiente correo de una lectora sobre un artículo que hablaba del pegar:

> *Como tantos otros, tengo dificultades con este tema a diario. Me siento un tanto validada sabiendo que mi respuesta directa está bien encaminada. Puede ser difícil mantenerse sereno cuando la abuela u otro observador se encuentra presente y grita "¡No le pegues así a tu madre!".*
>
> *Una de las cosas que siguen siendo problemáticas para mí es el "No dejaré que...". Mi hijo es grande de tamaño para su edad y bastante fuerte. Intentar sostenerle las manos o los pies es difícil para una mujer menuda como yo. Es todavía más difícil cuando intento el enfoque que tú mencionas: "¿Puedes venir adentro solo o quieres que te ayude?".*
>
> *Si el niño empieza a patear, golpear y morder cuando intentas alzarlo pero no puedes dejarlo y marcharte, ¿cuál es el siguiente paso?*
>
> *Sara*

"Sereno", "tranquilo" y "directo" son términos que uso a menudo para ayudar a que los padres entiendan que las respuestas intensas al comportamiento de su hijo por lo general resultan contraproducentes. Nuestro hijo necesita saber que a sus padres y cuidadores no los desconciertan sus pequeñas fechorías; así pueden quedarse tranquilos de que se los cuida bien y no son más poderosos que los líderes de los que dependen.

Un niño de 2 o 3 años no puede sentirse seguro si ve que, cuando pone a prueba los límites, el adulto a cargo siente temor o enfado.

Entonces, el comentario de Sara me resultó un poco desconcertante, hasta que me di cuenta de que "sereno" y "directo" (e incluso "respeto") pueden interpretarse mal con facilidad, y entenderse como ser pasivos en lugar de estar a cargo con confianza. Esto me recordó que la pasividad es uno de los fracasos disciplinarios más comunes que veo.

Le respondí lo siguiente.

Sara:

Si la abuela de mis hijos gritara "¡No le pegues así a tu madre!", yo estaría de acuerdo: "Así es, ¡no le pegues a tu madre! No dejaré que lo hagas". Esta reacción no vendría desde el enfado; sería firme y vendría de la certeza de que estoy ayudando a mi hijo. ¿Crees que puedas estar confundiendo serena y directa con "pasiva" o "tímida"? Parecería que tu hijo necesita mucha más certeza y un liderazgo seguro de tu parte.

Dices que tu niño es muy fuerte, pero tú eres más fuerte, ¿o no? Puede ser desconcertante e incluso atemorizador para un niño pequeño sentir que sus padres no pueden contenerlo físicamente.

Es difícil para mí saber exactamente cómo aconsejarte contando solo con la información que me has dado, pero el comportamiento de tu hijo indica que no está recibiendo las respuestas prácticas, reconfortantes y firmes que necesita.

También te recomendaría asegurarte de que lo preparas con anticipación para las transiciones y le hablas con sinceridad y respeto.

Existen dos enfoques extremos de la disciplina que no satisfacen las necesidades de un pequeño. Uno es ser demasiado estricto, apelar al castigo y no mostrarse empático. Supone mantener el control de la familia mediante la disciplina del castigo y otras tácticas manipuladoras. Se percibe al niño como de por sí "malo" y fuera de control, alguien que necesita que se le enseñe cómo comportarse mediante el miedo y la vergüenza. El respeto *se exige* del niño, en lugar de confiar en que el niño nos corresponderá si ha sido tratado con respeto desde el momento en que nació.

Como contrapunto, los padres que son reticentes a tomar parte en un conflicto harán casi cualquier cosa para evitar la disconformidad de su hijo. Estos padres esperan que sus pequeños acepten los límites; entonces, los sientan con timidez, suavidad y quizá un tono vacilante, como preguntando "*¿Te sentirás bien con esta decisión?*".

Quizá se identifiquen demasiado con los sentimientos de su hijo; entonces su instinto es hacer todo lo posible para que "la cosa funcione" con el fin de mantener contento al niño. El pensamiento de la madre tal vez sea: *¿Por qué no evitar un arrebato emocional siempre que sea posible?* Racionaliza: *Quería ir al baño sola esta vez, pero en realidad no era* necesario; o

Tal vez no sea gran cosa llegar tarde mientras espero que Alicia decida que está lista para subirse al asiento de seguridad del coche. No puedo obligarla.

Falta el reconocimiento de la necesidad saludable que tienen los pequeños de expresar su voluntad pujante al resistirse a *lo que sea* que quieran sus padres, como también de su necesidad de liberar sentimientos profundos.

Estos padres quizá se preocupen de aplastar el espíritu de su hijo, o de que el niño dejará de amarlos o confiar en ellos si hay un conflicto de voluntades. Engatusan o distraen a su hijo para lograr el comportamiento deseado (o lograr acabar con el comportamiento no deseado), en lugar de arriesgarse a ser el malo de la película que dice "no".

"Básicamente, la mayoría de los padres tiene miedo de disciplinar a sus hijos porque los asusta la lucha de voluntades. Les da miedo dominar al niño por temor a destruir su libre voluntad y su personalidad. Esta es una actitud errónea".

– Magda Gerber

A menudo los padres pasivos ofrecen demasiadas opciones, analizan demasiado o responden de manera ambigua cuando el niño necesita una intervención definitiva y sincera. Poniendo un ejemplo extremo, cuando un niño le pega a un compañero, su madre podría preguntar *"¿Te parece una buena elección?"*. Es difícil de creer, pero conozco a alguien que presenció un caso así.

Cada una de las lágrimas de un niño va derecho al corazón de los padres sensibles. No obstante, sin importar lo cariñosos que sean los padres, el niño sigue poniéndolos a prueba. Esto debe ser así, ya que el niño no está recibiendo la ayuda que necesita.

"No hay manera de que los niños consentidos sean felices, ya que rara vez reciben respuestas directas y sinceras de los padres. (...) Cuando diga 'no', hágalo en serio; deje que tanto su rostro como su actitud también reflejen ese 'no'".

– Magda Gerber

Estos niños pueden parecer perdidos e incómodos durante gran parte del tiempo. Tal vez haya muchas exigencias, lloro y quejidos en lugar de resiliencia y capacidad de sobrellevar las cosas de manera saludable; esto puede hacer perder los estribos a los padres más amables, dulces y cariñosos. "¿Cómo puede nuestro hijo ponernos a prueba constantemente cuando le damos tanto cariño y somos tan amables y respetuosos?" Sin embargo, el comportamiento del niño no es *a pesar de* los esfuerzos de los padres de complacer ni de su actitud dulce y tranquila; es *debido* a esto.

Si el enfoque pasivo continúa, estos niños pueden volverse una compañía desagradable, no solo para sus padres sino también para sus compañeros, maestros, familiares y amigos.

"Una meta positiva que vale la pena esforzarse por conseguir con la disciplina sería criar niños que no solo amamos sino en cuya compañía nos encanta estar".

– Magda Gerber

Adivine en cuál de estos dos enfoques de disciplina tengo más experiencia ayudando a los padres.

Será porque las filosofías que "siguen al niño", como RIE, pueden confundir a los padres acerca de su papel. Se anima a los padres a respetar a su bebé, a confiar en él para que desarrolle habilidades de manera natural, de acuerdo con su programación innata, y dirija el juego.

Como facilitadores —y no maestros— de estos aspectos del desarrollo de nuestro hijo, aprendemos a observar; y practicamos quitarnos del camino. Sin embargo, esto no debe confundirse con pasividad: es *conciencia plena*.

32.

La disciplina con cariño puesta en práctica

"Las distracciones y las redirecciones no lo engañaban; Los tiempo fuera y las recompensas no lo motivaban".

Esta es la historia de un pequeño brillante y vivaz, con padres extraordinariamente cariñosos que sentían que su familia estaba empezando a escapar de todo control. Lo único que necesitaban era algunas herramientas simples para ayudarlos a comprender cómo comunicarse con su hijo como una persona completa y establecer los límites con respeto.

Estas son las prácticas que cambiaron las cosas de manera radical para esta familia:

1. La comunicación respetuosa, sincera y en la primera persona.

2. El reconocimiento de los deseos y los sentimientos.

3. El mantener las instrucciones simples y concisas.

4. La utilización de un tono seguro, directo y sin interrogación implícita.

5. El llevar a cabo lo dicho con cariño. Por ejemplo, atajar las manos (o los pies) del niño cuando suelta golpes y decir al mismo tiempo "No dejaré que pegues". Si no llevamos a cabo lo dicho, el niño dejará de tomar nuestras indicaciones en serio.

6. El limitar el tiempo frente a las pantallas y los juguetes que sobreexcitan.

7. El creer en la capacidad del niño para participar de manera activa en la creación de soluciones.

Esta es la carta que recibí de Cristina; una maravilla por lo específica, intuitiva y totalmente gratificante:

Querida Janet:
Me encontré con tu blog hace diez días y claramente ha cambiado mi vida de verdad. Una amiga de Facebook compartió tu artículo "Lo que opina su pequeño de la disciplina", *y fue como si todo se iluminara de golpe. Pasé los dos días siguientes leyendo tu trabajo, lo más que pude y cada vez que pude. Creo que llegué a leer artículos del año 2010.*

Mi hijo Nico tiene 2 años y 9 meses. Siempre ha alcanzado los hitos un poco tarde; hace todo de manera normal, pero en general un 30% más tarde que los otros niños. Lo llevamos a médicos y especialistas: está completamente saludable, solo que funciona a su propio ritmo.

Siempre ha tenido un temperamento muy fuerte e irritable, un don y una maldición que ha heredado de mí. Como aún no ha desarrollado el habla, empezó a encontrar maneras de soltar la frustración de ser constantemente incomprendido o incluso, lamento decir, ignorado. Era un círculo vicioso; cuanto más veía que sus frustraciones no se validaban, peor era su comportamiento. Cuanto peor se volvía su comportamiento, más castigos aplicaba yo, y más permisivo se volvía su padre.

Hace dos semanas mi esposo y yo estábamos llorando en la mesa de la cocina, tristes al ver en lo que nos habíamos transformado y sentir que nuestra familia estaba cada vez más fuera de control.

Había buscado ayuda antes, pero nada parecía funcionar: las distracciones y las redirecciones no lo engañaban; los tiempo fuera y las recompensas no lo motivaban. La mayoría de los consejos que encontraba para niños de su edad suponían una habilidad lingüística que él aún no poseía, mientras que los consejos que encontraba para manejar los retrasos en el habla estaban escritos para niños con necesidades especiales. Encontrar tu blog y RIE fue un alivio enorme.

Por fin una manera de comunicarme con la persona completa que había dentro de mi niño en etapa preverbal.

Cuando leí tu blog, lo primero que advertí fue lo confuso que podía ser el lenguaje que utilizaba con él. Enmarcaba todo como una pregunta y hablaba en la tercera persona. Le decía cosas como "A no pegar, ¿de acuerdo?". O "Mamá dijo que se acabó el tiempo de saltar en el sillón".

Verdaderamente me sorprendí cuando mi hijo empezó a cooperar si le decía tan solo "No dejaré que hagas eso", o "Ahora quitaré esto".

Vi los resultados a partir de este único cambio y me convencí. Comencé a reconocer sus deseos y hablar en la primera persona; a dar nombre a las emociones negativas que sentía; a atajarle las manos o los pies cuando intentaba pegar, dar un puñetazo, arrojar algo o dar un empujón, mientras que al mismo tiempo le decía con cariño "No dejaré que hagas eso". Cuando gritaba a todo pulmón empecé a sentarme cerca, por lo general en silencio, para estar con su enojo, presente y disponible. Me di una vuelta por la casa y saqué dos docenas de baterías de los juguetes que le han regalado últimamente. Nunca ha mirado televisión, pero dejé de darle el iPad para jugar.

Solo han transcurrido diez días y, sin embargo, ya parece que fuera hace toda una vida que mi esposo y yo llorábamos en la mesa de la cocina. Nuestro hijo está menos enfadado y más dispuesto a colaborar; también es más feliz y se relaciona más con el mundo que lo rodea; incluso habla más y me dice "Entiendo" cuando comprende las cosas y "Triste" cuando está disgustado.

Mi esposo notó que al regresar a casa encontraba una familia más feliz y me pidió que le enseñara lo que había aprendido. Ya no teme a las emociones intensas de nuestro hijo y ha aprendido a sentar límites al mismo tiempo que sigue reconociendo los sentimientos de Nico.

Creo que el momento decisivo, cuando se demostró la eficacia de tus métodos, fue el viernes a la noche. Yo estaba usando la computadora portátil y Nico quería sentarse en mi falda. Como de costumbre, empezó a patear la computadora. Puse en práctica lo que he aprendido y le atajé el pie: "Quieres patear mi computadora pero no dejaré que lo hagas. Sé que es molesto cuando quieres hacer algo y yo no te dejo".

La escena se repitió un par de veces; luego Nico retiró el pie, volvió a extenderlo despacio y después lo hizo planear por encima de mi computadora y dijo "Avión". Agitaba el pie para un lado y el otro sin patear y seguía diciendo "Avión, avión". Sonreí y le hablé de su avión que volaba por encima de mi computadora. Apenas podía creer cómo la situación se había resuelto tan en paz.

A partir de entonces, ha utilizado esta táctica para cosas que no tiene permitido tocar, haciendo volar cerca su "avión" de manos y pies, explorando el objeto sin tocarlo. No podría estar más orgullosa de su forma creativa de resolver el *problema.*

Janet, lo que escribes ha hecho más que cambiar mi vida. Me ha devuelto a mi familia. Ahora disfrutamos a nuestro hijo en lugar de contar las horas hasta llevarlo a dormir. Sé que aún queda mucho más trabajo en este viaje, pero estoy entusiasmada y llena de esperanza.

Cristina

Agradecimientos

A Magda Gerber, por transformar mi vida con tu sabiduría y espíritu. Así también a los hijos de Magda, Mayo, Daisy y Bence, por continuar honrándome con su enorme apoyo.

A Lisa Sunbury (*RegardingBaby.org*), mi pionera conjunta, quien sigue siendo mi "otra mitad" en línea.

A todos mis colegas, compañeros blogueros y entusiastas de la Educación de la Niñez Temprana (ECE) del mundo de Internet. Juntos estamos logrando un cambio.

A las familias de mis clases, por su confianza, inspiración y apoyo. Aprendo más yo de ustedes que ustedes de mí.

A los lectores, que con gentileza me permitieron compartir sus historias y cartas. Ustedes siempre me alegran el día.

A Mike, mi revisor devoto, editor, padre junto conmigo y tanto más.

A Charlotte, Madeline y Ben, por hacer que mi corazón esté lleno de orgullo y gratitud. Gracias por enseñarme de qué se trata la vida, y por hacer que tanto RIE como yo quedemos increíblemente bien.

Lecturas recomendadas

Your Self-Confident Baby, Magda Gerber, Allison Johnson. Publicado por John Wiley & Sons, Inc. (1998).

Dear Parent: Caring for Infants With Respect, Magda Gerber. Publicado por Resources for Infant Educarers (2002).

No-Drama Discipline, Daniel J. Siegel, M.D. & Tina Payne Bryson, PhD. Publicado por Bantam (2014).

1,2,3...The Toddler Years, Irene Van der Zande. Publicado por Santa Cruz Toddler Care Center (1986).

Siblings Without Rivalry, Adele Faber & Elaine Mazlish. Publicado por W.W. Norton & Co (2012).

The Emotional Life of the Toddler, Alicia F. Lieberman, Ph.D. Publicado por The Free Press (1995).

How To Talk So Kids Will Listen & Listen So Kids Will Talk, Adele Faber & Elaine Mazlish. Publicado por Avon Books (1980).

Infants, Toddlers, and Caregivers, Janet Gonzalez-Mena, Dianne Widmeyer Eyer. Publicado por Mayfield Publishing Company (1997).

Raising Your Spirited Child, Mary Sheedy Kurcinka. Publicado por HarperCollins (2012).

Say What You See For Parents and Teachers, Sandra R. Blackard. Publicado por Language of Listening (2012).

En Internet:
RegardingBaby.org
MagdaGerber.org
TeacherTomsBlog.blogspot.com

Made in the USA
Las Vegas, NV
17 August 2022

53393357R10111